スイスイ とける 転職の SPI ＆一般常識

SPI&一般常識研究会

TAC出版
TAC PUBLISHING Group

はじめに ◀

▶ 一定の練習量をこなせば速く解けるコツが見えてくる

　転職を志してこの本を手にされた方は，将来への不安と焦りで苦しい思いをされているかもしれません。平素の仕事は忙しく，売上のノルマに追われます。そんな慌ただしい中で業界研究・企業研究を行ないながら，企業へのエントリーをする日々。そして，筆記試験や面接試験の準備・練習をしなければなりません。転職エージェントとの面談をしている方もおられるでしょう。「仕事をしながら，転職はうまくいくのだろうか？」「転職のための勉強がなかなか進まない」。

　転職を志す方々のそのような不安と焦りを解消し，志望企業への転職を成功させていただくため，本書を世に送り出すことにしました。

　SPIや一般常識は高度な専門知識を問うものではありません。優秀な小学生でも解ける内容なのです。でも，解法の糸口がすぐには見えない問題も多く，制限時間の中で合格点を得るのは決して容易ではありません。まして社会生活に大部分の時間を費やす転職志望者にはかなり手強い内容です。

　そこで，筆記試験で問題を見たとき，瞬時に解法の糸口を見抜き，正解を導き出せる力を身に着けることが重要になります。それには繰り返し練習をして「解法の糸口を見つける」トレーニングをしなければなりません。練習を繰り返すためには，ビジネスバッグに本書を忍ばせ，通勤時間，会社の昼休みなどの空き時間に本書をひも解くことが必要となります。

　本書は「1分以内」に正解を導き出せる問題を収録しています。まずは解答解説を見ないで問題を解いて，答え合わせをしてみてください。すぐに解法を発見して正解に全ることができたのなら，次の問題に進んでいきましょう。正解に至ることはできたものの時間を要した場合は，解答解説を熟読して解法をしっかり理解してください。この繰り返し，積み重ねこそが筆記試験を突破する力となり，ひいては転職先でもビジネスパーソンとしての成功につながるのです。

　本書があなたの人生を切り開き，成功への序章となることを祈ります。

SPI＆一般常識研究会

1

Contents 【目次】

転職のステップ

転職活動を開始して採用試験に臨むまでにはいくつかのステップがある。慌てて試験対策を行うのではなく，必要な段取りとスケジュールを把握してから，それぞれのステップに必要な準備を行っていくようにしよう。

転職活動の主な流れ

　活動期間の目安は，だいたい3ヶ月から6ヶ月。ただし，選考過程は企業によってまちまちなので，活動期間にはある程度の余裕をもたせておこう。

　活動の流れは基本的に新卒と同様。活動を行う前に十分な自己分析を行っておくことが肝心だ。「自分にとってなぜ転職が必要なのか」「自分のスキルや経験は自分の志望と見合っているのか」などを客観的に考え，志望する業種や職種，企業を選ぶようにしよう。同時に，志望する業種や職種の実情を，新聞やインターネットなどから仕入れておく。

　中途採用で募集が発生するのは，欠員補充や業務拡大などで人材が必要になった場合で，採用数は限られており，即戦力となる人材が求められることが多い。そのため，新卒以上に自分のスキルや経験を掘り下げ，必要書類や面接試験でアピールできるようにしておこう。

自己分析 業界・職種研究
企業研究 企業探し
履歴書・職務経歴書作成 書類選考
筆記試験 面接試験
採用内定 退職準備

限られた時間で効率よく準備をするポイント

　採用数が増えるのは，期の分かれ目にあたる10月と4月の直前。この時期は退職者や転職希望者が増えることで企業の欠員が発生しやすい。希望の退職時期から逆算してスケジュールを立てるようにしよう。その際，退職を告知してから実際に退職するまでに，業務の引き継ぎ期間を1ヶ月程度確保しておくことを忘れずに。求人情報は一日単位で変化するので，新聞の求人欄や転職関連のWebサイトなどは毎日チェックするようにしよう。

- ☑ 1ヶ月目に自己分析・企業研究，2ヶ月目に応募・受験，3ヶ月目に引き継ぎという目途
- ☑ 現職の繁忙期の活動は避ける
- ☑ 新聞や転職関連のWebサイトは毎日チェックして情報収集
- ☑ 休日に書類作成や企業への応募を行い，平日に時間を確保して受験

転職に必要な応募書類

　応募書類としては，履歴書と職務経歴書が必須だ。ほかにも企業によっては，事前にエントリーシートを書かせたり，アンケートに回答させたりすることもある。

　どれも長く書けばよいというわけではなく，採用担当者が理解しやすいように，必要な情報を簡潔にまとめるようにしよう。内定が決まって入社するときには，年金手帳や雇用保険者証の手続きも忘れないようにしよう。

☑ 履歴書
　　自分の連絡先や来歴，取得資格など，自分の情報をまとめる。
☑ 職務経歴書
　　自分のスキルや経験を簡潔にまとめ，採用担当者にアピールする。
☑ 入社時の必要書類
　　年金手帳や雇用保険者証など。

筆記試験対策のポイント

　筆記試験には，リクルートキャリア社の「SPI」に代表されるような「適性検査」と，中学や高校で学習した基礎知識を問う「一般常識問題」，最新時事を把握しているかどうかを問う「時事常識問題」などがある。

　適性検査は，基礎処理能力を診断する「能力検査」と，性格特性を把握する「性格検査」から構成される。「能力検査」は，加減乗除の計算能力や，表や図などを読み取る力が問われる「非言語分野」と，語句の意味や関係，長文読解力などが問われる「言語分野」に分けられる。

　まず，「非言語分野」は数学の問題で，全体的な難易度は中学受験レベルである。ただし，いきなり問題を解こうとしてもなかなか解けないので，実際の試験に臨む前に何度か問題を解き，出題形式に慣れておく必要がある。また，素早く問題を解くためには，問題文を読むのと同時に問題を解けるようになることが大切だ。本書の「問題文の読み解き」を参考に，問題文を読みながら自然と問題を解けるようにしよう。

　「言語分野」は国語の問題で，語句の意味や語句同士の関係を問う問題が多く出題される。これらは知識がものをいうので，普段から新聞や書籍などを読み，頻繁に登場する語句の意味はすべてわかるようにしておこう。

■本書を使った試験対策

① 解説を読まないで問題を解く

苦手項目を絞り込むために，まずは解説を読まないで問題を解いてみる。1分以内に解けたら，その項目の問題は無視して先へ進む。

② 解説を読んで解法を理解する

「問題文の読み解き」や「順を追って計算しよう」を読んで解法を理解し，「例題」にチャレンジしよう。

③ 解けなかった問題をチェックする

2分以内に「例題」が解けたら，次の項目へ進む。解けなかったときは，その項目にチェックを付けておき，あとから解き直す。

④ 解けなかった問題を重点的に解く

チェックした問題を繰り返し解く。移動時間や空き時間などに本書を取り出して解き，類似の問題が出てもすぐに解法を導き出せるようにしておく。

筆記試験の種類と実施形態

中途採用で出題される筆記試験にはさまざまな種類と実施形態がある。何が出題されるかは事前にわからないので，あらかじめどの試験にも対応できるように準備しておく必要がある。

転職活動で出題される筆記試験の種類

中途採用で出題される筆記試験には，「適性検査」や「一般常識問題」，「時事常識問題」などの種類がある。企業によっては，小論文や専門知識を問う問題などを出題するところもある。どのような問題が出題されても慌てないように，まずは出題範囲や実施形態を把握しておくことが大切だ。

適性検査には，「SPI」のほかに，コンピューター関連職での出題が多い「CAB」や，大量の受検者の選抜に適した「IMAGES」，5教科の問題が出題される「SCOA」などがある。どれも数学や国語の問題が中心で，共通で「性格検査」が出題される。

SPIの性格検査は，本書のP.7の実施形態に応じて質問内容が異なる。たとえば，テストセンター受検の質問は，相反する2つの性格的な特徴（AとB）が示され，自分に近いと思われるものを答える形式。「Aに近い」「どちらかといえばAに近い」「どちらかといえばBに近い」「Bに近い」の選択肢があり，その中から1つを選ぶ。

■SPIの分野と出題項目（SPI3-Gのテストセンター受検の場合）

検査	分野		解答時間	主な項目
SPI	基礎能力検査	非言語分野	35分程度	料金の割引，料金の精算，損益算，仕事算，割合，速さ，順列，組合せ，確率，集合，推論，資料の読み取り，地図など
		言語分野		同意語，反意語，2語の関係，複数の意味を持つことば，長文読解，整序問題など
	性格検査		30分程度	相反する2つの性格的な特徴から，自分に近いと思われるものを答える

■そのほかの主な適性検査の概要と出題項目

検査	概要	解答時間	主な項目
CAB	SEやプログラマーなどのコンピューター関連職で多く用いられる検査。計算問題と同時に，パズルのような問題が出題されることが特徴。	95分程度	暗算（50問），法則性（40問），命令表（50問），暗号（39問）パーソナリティ（OPQ）（68問）
IMAGES	大量の受検者の選抜に適した検査。短時間で受検者を検査できるように設計されており，数学，国語，英語がバランスよく出題される。	60分程度	計数テスト（50問），言語テスト（24問），英語テスト（20問），パーソナリティ（OPQ）（68問）
SCOA	基礎能力検査，パーソナリティ，事務能力検査の3つの側面からの検査が可能で，検査ごとに構成される科目が異なる。	60分	基礎能力検査の場合は，言語，数理，論理，常識，英語

筆記試験の実施形態

適性検査によってさまざまであるが，採用試験にはいくつかの実施形態が用意されている。たとえば，SPIでは，試験会場で検査用紙が配布され，マークシート方式で解答する「ペーパーテスト」と，インターネットを利用してパソコンで解答する「Webテスト」に大別される。さらにWebテストには，受検者が企業以外の会場に訪れて解答する「テストセンター」と，企業に訪れて解答する「インハウスCBT」，IDやパスワードが発行されて自宅のパソコンから解答する「Webテスティング」という実施形態がある。

2013年からスタートした「SPI3」には，キャリア向けとして開発された「SPI3-G」がある。「SPI3-G」のテストセンター受検では，会場で能力試験を受検する前に，あらかじめ自宅のパソコンで性格検査を受検する必要があるので注意しよう。また，キャリア向けには，英語能力検査が追加された「SPI3-GE」というバリエーションもある。

■SPIの実施形態

実施形態	概要	主な項目
ペーパーテスト	ペーパーテスティング	企業や企業以外の会場に訪れ，検査用紙にマークシート方式で解答する
Webテスト	テストセンター	企業以外の会場を予約し，会場に設置されたパソコンで解答する
	インハウスCBT	企業に訪れ，企業内に設置されたパソコンで解答する
	Webテスティング	IDやパスワードなどが発行され，自宅のパソコンから解答する

一般常識分野の対策の立て方

一般常識問題は，転職者の基礎的な計算力や知識を問うもので，国語，数学，社会，理科，英語の5教科から出題される。また，5教科には含まれない文化やスポーツなどに関する問題もある。中学レベルの基本的な問題だが，忘れていることも多いので，参考書などを見直しておこう。

また，一般常識に加え，最新の時事常識も出題されることがあるので，日頃から新聞やニュース番組などをチェックし，話題となっていることを把握しておこう。

■一般常識の主な出題分野

国語	数学	社会	理科	英語	雑学
漢字の読み	四則演算	政治	化学	語形変化	日本文学
漢字の書き	因数分解	経済	物理	派生語	世界文学
同音異義語	方程式	国際	生物	同意語	美術
同訓異義語	不等式	社会	地学	反意語	音楽
四字熟語	関数	日本史		英熟語	映画
慣用句	文章題・数列	世界史		英文法	芸能
敬語	図形・面積	地理		慣用句	スポーツ

本書の使い方

本書は，SPIと一般常識の頻出項目を厳選し，それぞれを5つのサイクルで繰り返し学習することで，計算力や知識の定着が図れる。また，問題文の読み解き方を掲載し，穴埋め式の解説を採用することで，移動時間や空き時間でも学習しやすい工夫をしている。

読むだけで計算力や知識が身につく紙面構成

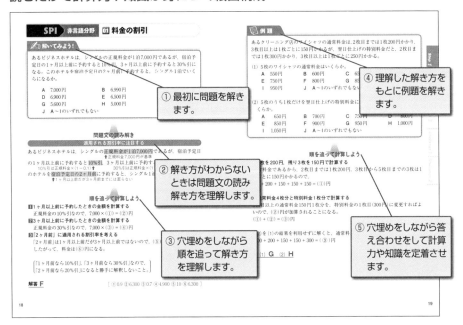

① 最初に問題を解きます。

② 解き方がわからないときは問題文の読み解き方を理解します。

③ 穴埋めをしながら順を追って解き方を理解します。

④ 理解した解き方をもとに例題を解きます。

⑤ 穴埋めをしながら答え合わせをして計算力や知識を定着させます。

5サイクルの反復学習で計算力や知識を定着

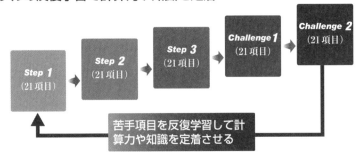

Step 1 (21項目) → Step 2 (21項目) → Step 3 (21項目) → Challenge 1 (21項目) → Challenge 2 (21項目)

苦手項目を反復学習して計算力や知識を定着させる

SPI＆
一般常識の
基礎計算力を
チェック

四則演算と小数・分数・百分率

原則は左から計算，（　　　）優先，「×」と「÷」が先

小数点：足し算・引き算は揃える，掛け算・割り算はずらす
分　数：足し算・引き算は分母を揃える（「通分」），掛け算は分母・分子をその
　　　　まま掛ける，割り算は後ろを「逆数」にして掛ける
帯分数：原則，仮分数に直して計算する（最終的に約分する）
割　合：$0.01 = 1\% = \dfrac{1}{100}$，$0.1 = 10\% = \dfrac{1}{10}$，$1 = 100\%$

📝 **例題** | **1** 次の計算をしなさい。

① $18 - 8 \div 2 \times 4$

❗「÷」→「×」→「−」の順に計
　算する
$= 18 - 4 \times 4$
$= 18 - 16$
$= 2$

② $5.6 - 1.84$

❗小数点を揃え，数字のないとこ
　ろは「0」を書き加える

$$
\begin{array}{r}
5.6 \\
-)\ 1.84 \\
\end{array}
\quad \rightarrow \quad
\begin{array}{r}
5.60 \\
-)\ 1.84 \\
\hline
3.76 \\
\end{array}
$$

2 次の計算をしなさい。

① $1\dfrac{3}{4} \div 3\dfrac{1}{2}$

❗帯分数を仮分数に直し，後ろの
　数を逆数にして掛ける
$= \dfrac{7}{4} \div \dfrac{7}{2}$
$= \dfrac{7}{4} \times \dfrac{2}{7}$
$= \dfrac{7 \times 2}{4 \times 7} = \dfrac{1}{2}$

② $3\dfrac{1}{4} - 1\dfrac{2}{3}$

❗通分して整数部分を「崩す」
$= 3\dfrac{3}{12} - 1\dfrac{8}{12}$
$= 2\dfrac{15}{12} - 1\dfrac{8}{12}$
$= 1\dfrac{7}{12}$

📖 覚えておこう

✔ $\dfrac{1}{2} = 0.5 = 50\%$ 　　 ✔ $\dfrac{1}{4} = 0.25 = 25\%$ 　　 ✔ $\dfrac{1}{5} = 0.2 = 20\%$

✔ $\dfrac{2}{5} = 0.4 = 40\%$ 　　 ✔ $\dfrac{3}{5} = 0.6 = 60\%$ 　　 ✔ $\dfrac{4}{5} = 0.8 = 80\%$

基礎計算力 チェック！ 02 # 文字式の計算と指数法則・因数分解

文字式は分数式に注意，因数分解は基本公式を覚える

因数分解：文字式を（　　）だけを使って「積の形」にすること

$a^2 - b^2 = (a+b)(a-b)$　　←「平方の差は和と差の積」

$x^2 + (a+b)x + ab = (x+a)(x+b)$　　←係数の「正負」に注意する

$acx^2 + (ad+bc)x + bd = (ax+b)(cx+d)$　　←いわゆる「たすき掛け」

$a^m \times a^n = a^{m+n}$　　$(a^m)^n = a^{mn}$　　$(ab)^m = a^m b^m$

📑 例題

1 次の計算をしなさい。

① $\dfrac{x+3}{3} - \dfrac{x-5}{6}$

❗通分したときに分子に（　　）をつける

$= \dfrac{2(x+3) - (x-5)}{6}$

$= \dfrac{2x+6-x+5}{6} = \dfrac{x+11}{6}$

② $(a^2)^4 \div (ab)^3 \times b^5 \div a^6$

❗指数法則を正確に使いこなす

$= a^8 \div a^3 b^3 \times b^5 \div a^6$

$= \dfrac{a^8 \times b^5}{a^3 b^3 \times a^6}$

$= \dfrac{b^2}{a}$

2 次の式を因数分解しなさい。

① $81x^4 - 16y^4$

❗「平方の差は和と差の積」をとことん使う

$= (9x^2)^2 - (4y^2)^2$

$= (9x^2 + 4y^2)(9x^2 - 4y^2)$

$= (9x^2 + 4y^2)\{(3x)^2 - (2y)^2\}$

$= (9x^2 + 4y^2)(3x+2y)(3x-2y)$

② $6x^2 - 11x - 35$

❗「たすき掛け」で試行錯誤する

6は「1×6」か「2×3」，35は「1×35」か「5×7」。「2×3」と「5×7」の組み合わせを試す。

定数項が−35，xの係数が−11で，−7と＋5の組み合わせ。

$(2x-7)(3x+5)$

📖 覚えておこう

✔ 「式の計算」と「方程式を解く」はまったく別のこと

✔ 指数法則は文字で覚えずに簡単な数字で理解しておくとよい

✔ $(a+b)^2 = a^2 + 2ab + b^2$　　$(a-b)^2 = a^2 - 2ab + b^2$

11

03 「速さ×時間＝距離」と単位の換算

時速には「時間」，分速には「分」，秒速には「秒」を掛ける

1km＝1,000m＝1,000,000mm   1cm＝10mm

1時間＝60分＝3,600秒 $\dfrac{1}{60}$ 時間＝1分＝60秒

時速36km＝分速600m＝秒速10m   時速72km＝分速1,200m＝秒速 20m

📖 例題　　■1 次の問いに答えなさい。

① 時速60kmで24分歩くと何km進む か。

❗「速さ×時間＝距離」に代入して 計算する

時速には「時間」，「分」には分速しか 掛けてはいけない。24分＝0.4時間 なので，時速60km×0.4時間＝ 24km

② 900mを36秒で進む列車の速さは時 速何kmか。

❗「分速」を求めてから「時速」に 換算する

36秒＝0.6分なので，900÷0.6＝1500 （m／分）

1,500×60÷1,000＝90なので，分 速1,500m＝時速90km

■2 次の問いに答えなさい。

① 500m離れている2地点から，分速20 mのPと分速10mのQが互いに向かっ て進むとき，2人は何分何秒後にすれ 違うか。

❗「反対方向」は「速さの和」

PとQは，1分で20＋10＝30m近づ く。500m離れているので，「距離÷速 さ＝時間」に代入すると，

$$500 \div 30 = \frac{500}{30} = \frac{50}{3} = 16\frac{2}{3}分$$

これは16分40秒である。

② 時速24kmのPが9時に出発してから 20分後に，時速34kmのQがPを追い かけたとき，QがPに追い着く時刻は いつか。

❗「同じ方向」は「速さの差」

Pは，時速24km×$\dfrac{1}{3}$時間＝8km先に いる。Qは1時間で34－24＝10km距離 を縮めるので，「距離÷速さ＝時間」 に代入すると，8÷10＝0.8時間でPに 追い着く。これは48分である。QがP を追いかけ始めたのは9時20分なの で，48分後の10時8分になる。

最大公約数・最小公倍数

最大公約数・最小公倍数の求め方

公約数のうち，最大の数を最大公約数という
公倍数のうち，最小の数を最小公倍数という

📋 **例題**　次の数の最大公約数と最小公倍数を求めなさい。

①10, 12, 15

❗**3つとも割れる数が「最大公約数」**

```
2) 10  12  15
3)  5   6  15
5)  5   2   5
    1   2   1
```

最大公約数は1，
最小公倍数は$2 \times 3 \times 5 \times 1 \times 2 \times 1 = 60$

②18, 24, 36

❗**最大数がヒントになる**

```
2) 18  24  36
3)  9  12  18
2)  3   4   6
3)  3   2   3
    1   2   1
```

最大公約数は6，最小公倍数は$2 \times 3 \times 2 \times 3 \times 1 \times 2 \times 1 = 72$

損益計算の基礎

原価，定価，売値，利益の関係

原価 × (1 + 値上率) = 定価　　　定価 × (1 − 値引率) = 売値
売値 − 原価 = 実際の利益

📋 **例題**　次の問いに答えなさい。

①原価に4割の利益を見込んで定価をつけたが，売れなかったので3割引にした。60円の損失が出たとき，原価はいくらか。

❗**原価を x 円と置いて方程式を立てる**
原価 x 円の4割増→$1.4x$ 円（定価），
定価 $1.4x$ 円の3割引→$1.4x \times 0.7 = 0.98x$ 円（売値）
$0.98x - x = -60$　∴ $x = 3{,}000$ 円

順列と組合せ，「積の法則」と「和の法則」

順列（順番を考慮）：$_{10}P_3 = 10 \times 9 \times 8 = 720$ 通り

組合せ（順番を無視）：$_{10}C_3 = \dfrac{10 \times 9 \times 8}{3 \times 2 \times 1} = 120$ 通り

積の法則：引き続き起こる場合は「掛ける」

和の法則：同時に起こらない場合は「足す」

📋 **例題** ■ 次の場合の数を求めなさい。

①1～5の5つの数字が1つずつ書かれた
カード5枚から3枚を選ぶと，3桁の偶
数はいくつできるか。

❗偶数になるには一の位が2か4
一の位が「2」の場合，百の位と十
の位は4枚から2枚選ぶ順列なので，
$_4P_2 = 4 \times 3 = 12$ 通り。一の位が「4」
の場合も同様に12通り。
したがって，$12 + 12 = 24$ 通り。

②10人のメンバーから1人の代表と2人の
副代表を選出する方法は何通りあるか。

❗代表を選んでから副代表を選ぶ
代表の選び方は，$_{10}C_1 = 10$ 通り
副代表の選び方は，
$_9C_2 = \dfrac{9 \times 8}{2 \times 1} = 36$ 通り。
したがって，$10 \times 36 = 360$ 通り。

■ 次の確率を求めなさい。

①当たりが10本中3本含まれたくじを2回
引くとき，少なくとも1回は当たる確率
はどれほどか。ただし，取り出したくじ
は戻さないこととする。

❗「少なくとも」と問われたら余事
象を考える
「少なくとも1回は当たる」の余事
象は「2回ともはずれる」。
2回ともはずれる確率は，
$\dfrac{7}{10} \times \dfrac{6}{9} = \dfrac{7}{15}$
したがって，$1 - \dfrac{7}{15} = \dfrac{8}{15}$

②フリースローの成功する確率が，1回目
は75%，2回目は90%の選手がいる。こ
の選手が2回続けてフリースローをし
たとき，1回だけ成功する確率はどれほ
どか。

❗「○→×」と「×→○」を考える
○→×となる確率は，
$75\% \times 10\% = 0.75 \times 0.1 = 0.075$
×→○となる確率は，
$25\% \times 90\% = 0.25 \times 0.9 = 0.225$
同時には起こらないので，
$0.075 + 0.225 = 0.3 = 30\%$

07 集合

ベン図とキャロル表

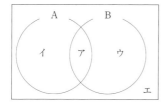

	B	非B
A	ア	イ
非A	ウ	エ

「余事象」は反対側の部分(たとえば,「ア・イ・ウ」の余事象は「エ」)

📖 例題

ある会社の社員100人の右目と左目の視力について調査したところ,次のような回答結果になった。右目も左目も1.5以上の人が15人のとき,右目と左目のどちらも1.5未満の人は何人か。

	1.5未満	1.5以上
右目	83人	17人
左目	79人	21人

❗ベン図による解法

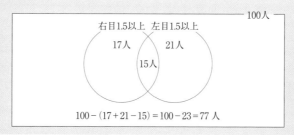

$100-(17+21-15)=100-23=77$ 人

❗キャロル表による解法

右目が「1.5未満／1.5以上」と,左目が「1.5未満／1.5以上」を交差させた表を作る。

		左目		合計
		1.5未満	1.5以上	
右目	1.5未満	77人	6人	83人
	1.5以上	2人	15人	17人
合計		79人	21人	100人

表より,77人と決まる。

対偶と三段論法・包含関係

対偶：元の命題「A→B」と真偽が一致するのは，対偶「$\overline{B}→\overline{A}$」のみ
（逆「B→A」，裏「$\overline{A}→\overline{B}$」は，元の命題の真偽とは無関係）
三段論法：A→B，B→Cが成り立つとき，A→Cが成り立つ
包含関係：「小さい概念」→「大きな概念」は正しい推論
「大きな概念」から「小さい概念」を導き出すことはできない

例題 次の問いに答えなさい。

①「良薬は口に苦し」の対偶を作り
なさい。

❗「A→B」の対偶は「$\overline{B}→\overline{A}$」
「良薬は口に苦し」の対偶は「甘い薬
は良くない薬」。「良くない薬は甘
い」（裏命題）でも「苦い薬は良薬」（逆
命題）でもない。

②P〜Rが真のとき，正しいのはア〜ウ
のどれか。
　P サルがいた　Q オスのサルがいた
　R 親子のサルがいた
ア Q→P　**イ** Q→R　**ウ** R→P

❗「小さい概念」→「大きな概念」
Q→P（ア），R→P（ウ）はいえるが，
親子の雌雄はわからないので，Qと
Rは包含関係にはない。

基礎計算力
チェック！ **09** 方角

8方位を正確に覚える

（　）に向かって立つと，背が（　），右が（　），左が（　）

北→背が南，右が東，左が西
南→背が北，右が西，左が東
東→背が西，右が南，左が北
西→背が東，右が北，左が南
北東→背が南西，右が南東，左が北西
北西→背が南東，右が北東，左が南西
南東→背が北西，右が南西，左が北東
南西→背が北東，右が北西，左が南東

SPI & 一般常識

集中演習

 **Step 1**

解いてみよう！

あるビジネスホテルは，シングルの正規料金が1泊7,000円であるが，宿泊予定日の1ヶ月以上前に予約すると10%引，3ヶ月以上前に予約すると30%引になる。このホテルを宿泊予定日の2ヶ月前に予約すると，シングル1泊でいくらになるか。

A	7,000円	B	6,990円	C	6,970円
D	6,900円	E	6,500円	F	6,300円
G	5,600円	H	5,000円	I	4,900円
J	A〜Iのいずれでもない				

問題文の読み解き

適用される割引率に注目する

あるビジネスホテルは，シングルの<u>正規料金が1泊7,000円</u>であるが，宿泊予定
　　　　　　　　　　　　　　　↑正規料金7,000円が基準
日の1ヶ月以上前に予約すると<u>10%引</u>，3ヶ月以上前に予約すると<u>30%引</u>になる。こ
　　　　　　10%引は正規料金×（1−0.1）↑　　　30%引は正規料金×（1−0.3）↑
のホテルを<u>宿泊予定日の2ヶ月前</u>に予約すると，シングル1泊でいくらになるか。
　　　　　↑1ヶ月以上前だが3ヶ月前までには至らない

順を追って計算しよう

■1 1ヶ月以上前に予約したときの金額を計算する

正規料金の10%引なので，7,000 ×（①）=（②）円

■2 3ヶ月以上前に予約したときの金額を計算する

正規料金の30%引なので，7,000 ×（③）=（④）円

■3「2ヶ月前」に適用される割引率を考える

「2ヶ月前」は1ヶ月以上前だが3ヶ月以上前ではないので，（⑤）%引が適用される。したがって，料金は（⑥）円になる。

> 「1ヶ月前なら10%引」，「3ヶ月前なら30%引」なので，
> 「2ヶ月前なら20%引」になると勝手に解釈しないこと。

解答 F　　　　　　　　　　　　［ ①0.9 ②6,300 ③0.7 ④4,900 ⑤10 ⑥6,300 ］

📑 例題

あるクリーニング店のワイシャツの通常料金は,2枚目までは1枚200円かかり,3枚目以上は1枚ごとに150円かかるが,翌日仕上げの特別料金だと,2枚目までは1枚300円かかり,3枚目以上は1枚ごとに250円かかる。

(1) 5枚のワイシャツの通常料金はいくらか。

A	550円	B	600円	C	650円	D	700円
E	750円	F	800円	G	850円	H	900円
I	950円	J	A〜Iのいずれでもない				

(2) 5枚のうち1枚だけを翌日仕上げの特別料金にしたとき,料金の合計はいくらか。

A	650円	B	700円	C	750円	D	800円
E	850円	F	900円	G	950円	H	1,000円
I	1,050円	J	A〜Iのいずれでもない				

順を追って計算しよう

(1) **2枚を200円,残り3枚を150円で計算する**

通常料金であるから,2枚目までは1枚200円,3枚目から5枚目までの3枚は1枚ごとに150円かかるので,

$200 + 200 + 150 + 150 + 150 = (①)$円

(2) **通常料金4枚分と特別料金1枚分で計算する**

3枚目以上の通常料金150円1枚分を,特別料金の1枚目(300円)に変更すればよいので,(②)円が加算されることになる。

$(①) + (②) = (③)$円

$\left[\begin{array}{l} \text{(2)を(1)の結果を利用せずに解くと,通常料金4枚,特別料金1枚なので,} \\ 200 + 200 + 150 + 150 + 300 = (③)\text{円} \end{array}\right]$

解答 (1) **G**　(2) **H**　　　　　　　　[①850 ②150 ③1,000]

19

✍ 解いてみよう！

4,000円で仕入れた商品に6割の利益を見込んで定価をつけた。この商品を2割引で販売すると，最終的な利益はいくらになるか。

A	1,000円	B	1,100円	C	1,120円
D	1,180円	E	2,200円	F	2,240円
G	2,680円	H	3,200円	I	4,220円

J　A～Iのいずれでもない

問題文の読み解き

「利益を見込む」は「1＋値上率」倍，「値引きする」は「1－値引率」倍

4,000円で仕入れた商品に6割の利益を見込んで定価をつけた。この商品を2割引で
↑仕入値は4,000円　　　↑定価は仕入値の6割増（1.6倍）
販売すると，最終的な利益はいくらになるか。
↑売値は定価の2割引（0.8倍）

順を追って計算しよう

■1 6割の利益を見込んでつけた定価を計算する

仕入値が4,000円，定価は仕入値の6割増なので，

定価は，4,000×（①）＝（②）円

「6割の利益を見込む」とは「1 + 0.6」を掛ける。
「0.6」を掛けてはいけない。

■2 2割引で販売した売値を求める

定価は（②）円，売値は定価の2割引なので，

売値は（②）×（③）＝（④）円

「2割引」とは「1 − 0.2」を掛ける。
「0.2」を掛けてはいけない。

■3 最終的な利益を求める

「売値－仕入値＝実際の利益」になるので，

（④）− 4,000 ＝（⑤）円

解答 C

［ ①1.6 ②6,400 ③0.8 ④5,120 ⑤1,120 ］

例題

原価1,000円の商品に，ある利益を見込んで定価をつけた。この商品を定価の40％引で販売したところ，100円の赤字になった。

(1) 定価はいくらか。
A	1,200円	B	1,500円	C	2,300円	D	2,800円
E	3,000円	F	3,200円	G	3,400円	H	4,200円
I	5,200円	J	A～Iのいずれでもない				

(2) 定価は原価の何％増か。
A	20％増	B	30％増	C	40％増	D	50％増
E	55％増	F	60％増	G	65％増	H	70％増
I	75％増	J	A～Iのいずれでもない				

順を追って計算しよう

(1) 定価をx円と置いて方程式を解く

定価をx円と置くと，売値は定価の40％引なので，

$x \times (①) = (②)$円

「売値－原価＝実際の利益」なので，

$(②) - 1,000 = (③)$円という方程式が成り立つ。

[「100円の赤字」は「－100円の利益」と考える。]

方程式を解くと，$x = (④)$円

(2) 「定価÷原価」で定価が原価の何％増かを計算する

原価1,000円の商品に（ ④ ）円の定価をつけたのだから，

$(④) \div 1,000 = (⑤) = 1 + (⑥)$

つまり，（ ⑦ ）％増の定価をつけたことがわかる。

<u>解答</u> (1) **B** (2) **D**   [①0.6 ②0.6x ③－100 ④1,500 ⑤1.5 ⑥0.5 ⑦50]

X, Y, Zの3人がそれぞれ自分の好きなお菓子を買った。Xは500円, Yは300円, Zは100円のお菓子を買い, あとから3人の負担が平等になるように精算すると, 誰が誰にいくら支払えば精算が完了するか。

A Y が X に 100 円, Z が X に 100 円
B Y が X に 50 円, Z が X に 150 円
C Y が X に 150 円, Z が X に 50 円
D Y が X に 200 円
E Z が X に 200 円
F Y が X に 100 円, Z が X に 50 円
G Y が X に 150 円, Z が X に 150 円
H Y が X に 200 円, Z が X に 100 円
I Y が X に 200 円, Z が X に 200 円
J A ～ I のいずれでもない

問題文の読み解き

1人あたりの負担額を求めて精算する

X, Y, Zの3人がそれぞれ自分の好きなお菓子を買った。Xは500円, Yは300円,
合計500 + 300 + 100 = 900円 ↑
Zは100円のお菓子を買い, あとから3人の負担が平等になるように精算すると, 誰
↑1人あたり 900 ÷ 3 = 300円
が誰にいくら支払えば精算が完了するか。

順を追って計算しよう

■1人あたりの負担額を計算する

支払った金額の合計が, 500 + 300 + 100 = (①)円なので,
1人あたりの負担額は, (①)÷ 3 = (②)円

■2 それぞれの精算額を計算する

それぞれの支払った金額が1人あたりの負担額より上回っていれば, その分の金額をもらい, 下回っていれば, その分の金額を支払うことになる。
Xは500 - (②) = (③)円をもらえ, Yは差し引き0円なのでこのまま,
Zは100 - (②) = - (④)円なので, (④)円を支払う。
したがって, (⑤)が(⑥)に(⑦)円を支払うことで精算が完了する。

解答 E

[①900 ②300 ③200 ④200 ⑤Z ⑥X ⑦200]

例題

P，Q，Rの3人で教室を借り，勉強会をすることになった。教室使用料として，Pが700円，Qが600円，Rが200円を支払い，あとから3人の負担が平等になるように精算することにした。

(1) この状態で精算すると，誰が誰にいくら支払えばよいか。
A　RがPに300円，RがQに100円　　B　RがPに200円，RがQに200円
C　RがPに100円，RがQに300円　　D　RがPに400円
E　RがQに400円　　　　　　　　　F　RがPに200円，RがQに100円
G　RがPに150円，RがQに150円　　H　RがPに100円，RがQに200円
I　RがPに400円，RがQに100円　　J　A～Iのいずれでもない

(2) PがQに300円の借金があり，この借金の清算も同時に行うことにした。このとき，お金が無駄に循環しないようにするには，誰が誰にいくら支払えばよいか。
A　PがQに300円，RがQに100円　　B　PがQに200円，RがQに200円
C　PがQに100円，RがQに300円　　D　PがQに400円
E　RがQに400円　　　　　　　　　F　PがRに200円，RがQに100円
G　PがRに150円，RがQに150円　　H　PがRに100円，RがQに200円
I　PがRに400円，RがQに100円　　J　A～Iのいずれでもない

順を追って計算しよう

(1) 1人あたりの負担額を求めて精算する

支払った金額の合計は，700 + 600 + 200 = （①）円なので，
1人あたりの負担額は，（①）÷ 3 = （②）円
Pは700 −（②）=（③）円をもらえ，Qは600 −（②）=（④）円をもらえ，Rは200 −（②）− −（⑤）円なので，（⑤）円を支払う。したがって，RがPに（③）円，RがQに（④）円を支払うことで精算が完了する。

(2) RがPに支払わずに，RがQに直接支払う

PはRからもらえる200円に100円を加え，300円にしてQに支払うことになる。無駄に循環しないようにするには，Rからもらえる200円をRがQに直接支払えばよい。Rは，もともとQに支払わなければならなかった100円を加えた（⑥）円をQに支払えばよい。したがって，PがQに100円，RがQに（⑥）円を支払うことで精算が完了する。

解答 (1) **F**　(2) **C**　　　　［ ①1,500 ②500 ③200 ④100 ⑤300 ⑥300 ］

23

解いてみよう！

ある会社では日本国籍の社員と外国籍の社員がおり，全社員のうち日本国籍の社員の占める割合は75％である。また，外国籍の社員のうち男性の占める割合は60％である。外国籍の女性社員の全社員に占める割合は何％か。

A　3％	B　5％	C　10％	D　13％
E　15％	F　18％	G　20％	H　23％
I　25％	J　A〜Iのいずれでもない		

問題文の読み解き

何に対する割合かに注意する

ある会社では日本国籍の社員と外国籍の社員がおり，全社員のうち日本国籍の社員が占める割合は75％である。また，外国籍の社員のうち男性の占める割合は60％
↑日本国籍が75％なので外国籍は25％　外国籍の社員のうちの男性は60％なので女性は40％↑
である。外国籍の女性社員の全社員に占める割合は何％か。

順を追って計算しよう

■ 全社員のうち外国籍の社員が占める割合を計算する

全社員の割合（100％）から日本国籍の社員の割合（75％）を引けばよいので，外国籍の社員の割合は，100％ －（ ① ）％ ＝（ ② ）％

■ 外国籍の社員のうち女性が占める割合を計算する

外国籍の社員の割合（100％）から男性の割合（60％）を引けばよいので，
外国籍の女性社員の割合は，100％ －（ ③ ）％ ＝（ ④ ）％

■ 全社員のうち外国籍の女性社員が占める割合を計算する

外国籍の社員が全社員に占める割合は（②）％，そのうちの（④）％が女性なので，（②）％ ×（④）％ ＝（⑤）×（⑥）＝（⑦），

つまり，外国籍の女性社員は，全社員の（⑧）％を占めることがわかる。

解答 C

[①75 ②25 ③60 ④40 ⑤0.25 ⑥0.4 ⑦0.1 ⑧10]

例題

ある大学の学生は，日本人学生と留学生から構成されている。全学生のうち日本人学生の占める割合は85％であり，そのうち男性は60％である。また，留学生のうち女性の占める割合も60％である。

(1) 全学生のうち男性の占める割合は何％か。

A	67%	B	60%	C	57%	D	50%
E	43%	F	40%	G	33%	H	27%
I	23%	J	A～Iのいずれでもない				

(2) 男性のうち留学生の男性の占める割合は何％か。必要があれば小数第1位を四捨五入しなさい。

A	7%	B	8%	C	9%	D	10%
E	11%	F	12%	G	13%	H	14%
I	15%	J	A～Iのいずれでもない				

順を追って計算しよう

(1) 全学生のうち男性の占める割合を求める

全学生のうち日本人男性の割合を求めると，日本人学生のうち60％は男性なので，日本人男性は85％×（①）％＝（②）％

次に，全学生のうち留学生男性の割合を求めると，留学生は全体の（③）％なので，留学生の男性は（③）％×（④）％＝（⑤）％

したがって，全学生のうち男性の占める割合は，（②）％＋（⑤）％＝（⑥）％となる。

(2) 男性のうち留学生の占める割合を求める

男性は全体の（⑥）％，男性の留学生は全体の（⑤）％なので，
（⑤）％÷（⑥）％＝（⑦）÷（⑧）％となる。

解答 (1) **C** (2) **E**　　　［①60 ②51 ③15 ④40 ⑤6 ⑥57 ⑦0.105… ⑧11］

✍️ 解いてみよう！

Pが1人で行うと10時間，Qが1人で行うと15時間で仕上げることができる作業がある。この作業をPとQの2人で行うと，どれくらいの時間で仕上げることができるか。

A	3時間	B	3時間30分	C	4時間	D	4時間30分
E	5時間	F	5時間30分	G	6時間	H	6時間30分
I	7時間	J	A～Iのいずれでもない				

問題文の読み解き

最小公倍数を使って全体の仕事量を求める

Pが1人で行うと10時間，Qが1人で行うと15時間で仕上げることができる作
↑全体の仕事量は10と15の最小公倍数で30
業がある。この作業をPとQの2人で行うと，どれくらいの時間で仕上げることが
Pの仕事量は30÷10＝3↑　↑Qの仕事量は30÷15＝2
できるか。

順を追って計算しよう

■PとQの仕事量の最小公倍数で全体の仕事量を決める

全体の仕事量を「1」と置くと，分数の計算でミスが発生しやすいので，ここでは最小公倍数で全体の仕事量を決める。

10と15の最小公倍数は（①）なので，これを全体の仕事量と決める。

■PとQの1時間あたりの仕事量を計算する

全体の仕事量は（①）で，Pはこれを10時間，Qは15時間で行うのだから，
Pの1時間あたりの仕事量は，（①）÷10＝（②）
Qの1時間あたりの仕事量は，（①）÷15＝（③）

■全体の仕事量をPとQの仕事量の合計で割る

PとQの2人で行うと，1時間あたりの仕事量は，（②）＋（③）＝（④）
全体の仕事量が（①），2人の1時間あたりの仕事量の合計が（④）であるから，
（①）÷（④）＝（⑤）時間で仕上げることができる。

解答 G　　　　　　　　　　　　　　　　　［①30 ②3 ③2 ④5 ⑤6］

PとQが2人で行うと12時間，PとRの2人が行うと15時間かかる課題がある。
この課題にPが1人で取り組んだところ，20時間かかった。

(1) Qが1人で行うと，どれだけの時間でこの課題を仕上げることができるか。

A	16時間	B	18時間	C	20時間	D	22時間
E	24時間	F	26時間	G	28時間	H	30時間
I	32時間	J	A〜Iのいずれでもない				

(2) Rが1人で行うと，どれだけの時間でこの課題を仕上げることができるか。

A	35時間	B	40時間	C	45時間	D	50時間
E	55時間	F	60時間	G	65時間	H	70時間
I	75時間	J	A〜Iのいずれでもない				

順を追って計算しよう

12と15の最小公倍数は（①）なので，これを全体の仕事量と決める。
PとQの1時間あたりの仕事量の合計は，（①）÷12＝（②）
PとRの1時間あたりの仕事量の合計は，（①）÷15＝（③）
Pの1時間あたりの仕事量は（①）÷20＝（④）

(1) Qの1時間あたりの仕事量を計算する
P＋Q＝（②）とP＝（④）より，Q＝（②）－（④）＝（⑤）
したがって，Qは1人で，（①）÷（⑤）＝（⑥）時間で仕上げることができる。

(2) Rの1時間あたりの仕事量を計算する
P＋R＝（③）とP＝（④）より，R＝（③）－（④）＝（⑦）
したがって，Rは1人で，（①）÷（⑦）＝（⑧）時間で仕上げることができる。

解答 (1) **H**　(2) **F**　　　　　[①60 ②5 ③4 ④3 ⑤2 ⑥30 ⑦1 ⑧60]

✍ 解いてみよう！

自宅から図書館まで分速50mで歩くと開館時刻の4分前に到着するが，分速20mで歩くと開館時刻を35分過ぎる。自宅から図書館までの距離はどれくらいあるか。

A 1,000m	B 1,100m	C 1,200m	D 1,300m
E 1,400m	F 1,500m	G 1,600m	H 1,700m
I 1,800m	J A～Iのいずれでもない		

問題文の読み解き

かかる時間から方程式を立てる

自宅から図書館まで 分速50mで歩くと開館時刻の4分前に到着するが，分速20m
↑自宅から図書館までをxmと置く　　　　　　分速50mで歩くと4分早い↑
で歩くと開館時刻を35分過ぎる。自宅から図書館までの距離はどれくらいあるか。
↑分速20mで歩くと35分遅い

順を追って計算しよう

1 距離をxmと置き，早く歩くときの時間を求める

　自宅から図書館までの距離をxmと置くと，早く歩くときの時間は(①)分かかる。このとき，開館時刻より4分早く着く。

2 同様に，遅く歩くときの時間を求める

　同様に，自宅から図書館までの距離をxmと置くと，遅く歩くときの時間は(②)分かかる。このとき，開館時刻より35分遅く着く。

3 自宅から図書館までの距離を求める

　到着時刻を比較すると，次の方程式が成り立つ。
　(①) + 4 = (②) − 35　これを解くと，x = (③)m

$$\begin{cases} \dfrac{x}{50} + 4 = \dfrac{x}{20} - 35 \\ \text{両辺を100倍すると，} \\ 2x + 400 = 5x - 3,500 \\ \quad -3x = -3,900 \\ \quad \therefore x = 1,300 \end{cases}$$

解答 D

$\left[\ ①\dfrac{x}{50}\ ②\dfrac{x}{20}\ ③1,300\ \right]$

Nが地点Pから地点Qを通って地点Rまでサイクリングをした。各地点での出発時刻と到着時刻は次のとおりである。

地点P	出発	14：20
		↓
地点Q	到着	15：50
	出発	16：10
		↓
地点R	到着	16：55

(1) PQ間の平均速度が時速24kmのとき，PQ間の距離は何kmか。

　　A　24km　　　　B　28km　　　　C　32km　　　　D　36km

　　E　40km　　　　F　64km　　　　G　68km　　　　H　72km

　　I　80km　　　　J　A～Iのいずれでもない

(2) QR間の距離が12kmのとき，QR間の平均速度は何kmか。

　　A　時速10km　　B　時速12km　　C　時速14km　　D　時速16km

　　E　時速18km　　F　時速22km　　G　時速24km　　H　時速36km

　　I　時速48km　　J　A～Iのいずれでもない

順を追って計算しよう

(1) **PQ間にかかった時間を読み取って計算する**

PQ間は，平均速度が時速24kmで，

14：20から15：50までの1時間30分＝（ ① ）時間かかっている。

「速さ×時間＝距離」より，PQ間の距離は，

$24 ×（ ① ）=（ ② ）$km と決まる。

(2) **距離と時間から速さを求める**

QR間の距離は12kmで，

16：10から16：55までの45分＝（ ③ ）時間かかっている。

「距離÷時間＝速さ」より，QR間の平均速度は，

$12 ÷（ ③ ）= 12 ×（ ④ ）=$ 時速（ ⑤ ）km

解答 (1) **D**　　(2) **D**　　　　　$\left[① 1.5 \quad ② 36 \quad ③ \dfrac{3}{4} \quad ④ \dfrac{4}{3} \quad ⑤ 16 \right]$

✍ 解いてみよう！

> 0，1，2，3，4，5の数字が1つずつ書かれたカードが計6枚ある。この中から3枚のカードを選び，3桁の自然数を作るとき，偶数は何通りできるか。
>
> A　16通り　　　B　20通り　　　C　32通り　　　D　40通り
>
> E　48通り　　　F　52通り　　　G　58通り　　　H　60通り
>
> I　72通り　　　J　A〜Iのいずれでもない

問題文の読み解き

一の位と百の位に注目する

0，1，2，3，4，5の数字が1つずつ書かれたカードが計6枚ある。この中から3枚
　↑偶数は0，2，4の3枚　　　↑奇数は1，3，5の3枚

のカードを選び，3桁の自然数を作るとき，偶数は何通りできるか。
　　　百の位には「0」のカードを選べない↑　　　↑偶数は一の位が偶数

順を追って計算しよう

1 偶数が作られる場合を考える

　一の位が（ ① ），（ ② ），（ ③ ）のカードのとき，偶数になる。

2 一の位が「0」のときの選び方を考える

　一の位が「0」のとき，百の位は（ ④ ）通りの選び方がある。

　十の位は，5枚から1枚減った4枚から選ぶので（ ⑤ ）通りの選び方がある。

　百の位が（ ④ ）通り，十の位が（ ⑤ ）通りなので，

　（ ④ ）×（ ⑤ ）=（ ⑥ ）通り

3 一の位が「2」のときの選び方を考える

　一の位が「2」のとき，百の位に「0」は使えず，（ ⑦ ）通りの選び方がある。十
の位は，百の位で使った1枚が減るものの「0」が使えるので（ ⑧ ）通りの選び方
がある。

　（ ⑦ ）×（ ⑧ ）=（ ⑨ ）通り

4 一の位が「4」のときの選び方を考える

　一の位が「4」のときは，一の位が「2」の場合と同様に（ ⑨ ）通り

5 3桁の偶数を何通り作ることができるかを考える

　一の位が「0」「2」「4」の場合の数の合計は，

　（ ⑥ ）+（ ⑨ ）+（ ⑨ ）=（ ⑩ ）通り

解答 F　　　　　　　　[①0 ②2 ③4 ④5 ⑤4 ⑥20 ⑦4 ⑧4 ⑨16 ⑩52]

📝 例題

0，1，2，3，4，5の数字が1つずつ書かれたカードが計6枚ある。この中から4枚のカードを選び，4桁の自然数を作る。

(1) 10の倍数は何通りできるか。

A　16通り	B　20通り	C　32通り	D　40通り
E　48通り	F　52通り	G　58通り	H　60通り
I　72通り	J　A〜Iのいずれでもない		

(2) 偶数は何通りできるか。

A　126通り	B　128通り	C　132通り	D　140通り
E　148通り	F　150通り	G　156通り	H　165通り
I　178通り	J　A〜Iのいずれでもない		

順を追って計算しよう

(1) **10の倍数になるのは一の位が「0」のとき**

一の位が「0」のとき，10の倍数になる。この場合，千の位に（①）枚，百の位に（②）枚，十の位に（③）枚のカードを選ぶことができるので，
（①）×（②）×（③）＝（④）通りの10の倍数を作ることができる。

(2) **千の位，百の位，十の位の場合の数を掛け合わせる**

一の位が「0」「2」「4」のとき，偶数になる。
一の位が「2」のとき，千の位に「0」は使えず，「0」と「2」を除く（⑤）枚，百の位は千の位で使った1枚が減るものの「0」が使えるので（⑥）枚，十の位は残りの（⑦）枚なので，
（⑤）×（⑥）×（⑦）＝（⑧）通り
一の位が「4」のときは，一の位が「2」の場合と同様に（⑧）通り
一の位が「0」のときは，(1)の結果より（④）通りなので，
（④）＋（⑧）＋（⑧）＝（⑨）通り

解答 (1) **H**　(2) **G**

［ ①5 ②4 ③3 ④60 ⑤4 ⑥4 ⑦3 ⑧48 ⑨156 ］

✎ **解いてみよう！**

2つのサイコロを同時に投げたとき，出た目が異なる確率はどれほどか。

A $\frac{1}{6}$	B $\frac{2}{9}$	C $\frac{1}{4}$	D $\frac{5}{18}$
E $\frac{1}{3}$	F $\frac{13}{18}$	G $\frac{3}{4}$	H $\frac{7}{9}$
I $\frac{5}{6}$	J A〜Iのいずれでもない		

問題文の読み解き

そうなる場合の数が，全体の場合の数の中で占める割合を求める

2つのサイコロを同時に投げたとき，出た目が異なる確率はどれほどか。
⬆それぞれ見分けがつくサイコロと考える　⬆「ゾロ目」以外のすべて

順を追って計算しよう

■1 2つのサイコロの目の出方を考える

サイコロには1〜6の目があり，それぞれの目の出る確率は同じである。それぞれのサイコロは，大小，赤白など，見分けがつくものと考える。

これを前提に考えると，2つのサイコロの目の出方は，$6^2 = （①）$通りある。

■2 出た目が異なる場合の数を考える

「出た目が異なる」のは，ゾロ目以外のすべての場合である。ゾロ目になる場合の数は（②）通りなので，「出た目が異なる」場合の数は，

（①）−（②）=（③）通り

■3 出た目が異なる確率を計算する

出た目が異なる確率は，（③）÷（①）=（④）

「ゾロ目」とは「同じ目」の意味で，
具体的には(1，1)，(2，2)，(3，3)，
(4，4)，(5，5)，(6，6)のことである。
2つのサイコロの場合は6×6の表を
書いたほうがわかりやすい。

	1	2	3	4	5	6
1	★					
2		★				
3			★			
4				★		
5					★	
6						★

解答

$\left[①36 \ ②6 \ ③30 \ ④\frac{5}{6} \right]$

📑 例題

外見からはまったく見分けのつかない2つのサイコロがある。この2つのサイコロを同時に投げ，出た目の積を計算する。

(1) 出た目の積が奇数になる確率はどれほどか。

A $\dfrac{1}{36}$ B $\dfrac{1}{18}$ C $\dfrac{1}{12}$ D $\dfrac{1}{9}$

E $\dfrac{5}{36}$ F $\dfrac{1}{6}$ G $\dfrac{2}{9}$ H $\dfrac{1}{4}$

I $\dfrac{1}{2}$ J A〜Iのいずれでもない

(2) 出た目の積が4の倍数になる確率はどれほどか。

A $\dfrac{1}{12}$ B $\dfrac{1}{6}$ C $\dfrac{1}{3}$ D $\dfrac{1}{4}$

E $\dfrac{5}{12}$ F $\dfrac{1}{2}$ G $\dfrac{7}{12}$ H $\dfrac{2}{3}$

I $\dfrac{3}{4}$ J A〜Iのいずれでもない

🔽 順を追って計算しよう

(1) 積が奇数になるのは「奇数×奇数」のときのみ

2つの数の積が奇数になるのは「奇数×奇数」のときである。サイコロの目で奇数は「1」「3」「5」なので，3×3＝（①）通り

2つのサイコロを投げたときの目の出方は，全部で（②）通りなので，積が奇数になる確率は，（①）÷（②）＝（③）と決まる。

(2) 積が4の倍数となる場合を考える

1〜6の2つの数の積が4の倍数となる場合を列挙すると，1×4，2×2，2×4，2×6，3×4，4×1，4×2，4×3，4×4，4×5，4×6，5×4，6×2，6×4，6×6の（④）通りになる。

2つのサイコロを投げたときの目の出方は，全部で（②）通りなので，積が4の倍数になる確率は，（④）÷（②）＝（⑤）と決まる。

「区別のつかないサイコロ」という設定であっても，確率を求めるときは「区別のつくサイコロ」で考える。

<u>解答</u> (1) **H** (2) **E**

［ ①9 ②36 ③$\dfrac{1}{4}$ ④15 ⑤$\dfrac{5}{12}$ ］

SPI 非言語分野 09 集合

解いてみよう！

ある高校の大学進学希望者187人を対象に，国立大学と私立大学を受験するかどうかを調査したところ，次のような結果になった。「国立大学と私立大学をどちらも受験しない」と回答した生徒が7人いたとき，「国立大学のみを受験する」と回答した生徒は何人か。

	受験する	受験しない
国立大学	82	105
私立大学	152	35

A　28人　　　　B　29人　　　　C　30人　　　　D　31人
E　32人　　　　F　33人　　　　G　34人　　　　H　35人
I　36人　　　　J　A～Iのいずれでもない

問題文の読み解き

条件を交差させた表を作って整理する

国立大学を「受験する／受験しない」と，私立大学を「受験する／受験しない」を交差させた表を作ると，「国立大学のみを受験する」を表現できる。

		私立		合計
		受験する	受験しない	
国立	受験する		（②）	82
	受験しない		（①）	105
	合計	152	35	187

順を追って計算しよう

1 条件を書き入れる

条件より，「国立大学と私立大学をどちらも受験しない」と回答した生徒が（①）人いる。

2 「国立大学のみを受験する」と回答した生徒を計算する

したがって，「国立大学のみを受験する」と回答した生徒は（②）人と決まる。

解答 A

[①7 ②28]

34

例題

あるレストランで常連客132人にランチコースの味と値段についてのアンケートを行ったところ，次のような回答結果になった。なお，「味も値段も満足」と回答した客は102人であった。

	満足	不満
味	119	13
値段	110	22

(1)「味は満足だが値段は不満」と回答した客は何人か。

A	11人	B	12人	C	13人	D	14人
E	15人	F	16人	G	17人	H	18人
I	19人	J	A～Iのいずれでもない

(2)「味も値段も不満」と回答した客は何人か。

A	4人	B	5人	C	6人	D	7人
E	8人	F	9人	G	10人	H	11人
I	12人	J	A～Iのいずれでもない

順を追って計算しよう

味を「満足／不満」と，値段を「満足／不満」を交差させた表を作る。

		値段		合計
		満足	不満	
味	満足	（①）	（②）	119
	不満		（③）	13
合計		110	22	132

(1)「味は満足だが値段は不満」と回答した客を計算する

条件より，「味も値段も満足」と回答した客は（①）人いる。したがって，「味は満足だが値段は不満」と回答した客は（②）人と決まる。

(2)「味も値段も不満」と回答した客を計算する

(1)の結果より，「味も値段も不満」と回答した客は（③）人と決まる。

解答 (1) **G** (2) **B**　　　　　　　　　　［ ①102 ②17 ③5 ］

35

解いてみよう！

停留所Pを出発し，途中の停留所Q，R，Sに停車して，停留所Tを終着とするバスがある。次の表は，このバスの乗客の乗り降りの状況を示したものである。

	Pへ	Qへ	Rへ	Sへ	Tへ
Pから	—	12	7	8	9
Qから	—	—	10	11	4
Rから	—	—	—	5	14
Sから	—	—	—	—	16
Tから	—	—	—	—	—

たとえば，表中の「4」という数字は，停留所Qからバスに乗車し，停留所Tで降車した人数を示している。このバスが停留所Rを出発するとき，バスの中に乗客は何人いるか。

A	5人	B	14人	C	19人	D	16人
E	24人	F	34人	G	43人	H	51人
I	67人	J	A～Iのいずれでもない				

問題文の読み解き
表を正確に読み取る

	Pへ	Qへ	Rへ	Sへ	Tへ
Pから	—	12	7	8	9
Qから	—	—	10	11	4 ← QからTへ4人移動した

順を追って計算しよう

1 停留所Rを出発したときにバスに乗っていた人数を読み取る
停留所Rを出発したときにバスに乗っていた人は，
停留所Pで乗車し，（①）で降車した人なので（②）人
停留所Qで乗車し，（③）で降車した人なので（④）人
停留所Rで乗車し，（⑤）で降車した人なので（⑥）人

2 停留所Rを出発したときにバスに乗っていた人数を計算する
（②）＋（④）＋（⑥）＝（⑦）人と決まる。

解答 H　　　　　　［ ①SとT ②17 ③SとT ④15 ⑤SとT ⑥19 ⑦51 ］

📋 例題

駅Pを出発し，途中の駅Q，R，S
に停車して，駅Tを終着駅とする
短い電車がある。次の表は，この電
車の料金を一覧した「駅間料金表」
である。たとえば，駅Qから駅Sへ
（途中下車しないで）行くと250円

	Qへ	Rへ	Sへ	Tへ
Pから	150	230	370	480
Qから	－	130	250	380
Rから	－	－	140	290
Sから	－	－	－	210

で済むが，駅Rで（途中下車して）切符を買い直して行くと，130円（Q→R）
と140円（R→S）の合計270円がかかる。

(1) 駅Pから駅Tまで行くのに，途中下車しないで行くのと，すべての駅で途
中下車して行くのとでは，いくらの差があるか。

 A 110円   B 120円   C 130円   D 140円
 E 150円   F 160円   G 170円   H 180円
 I 190円   J A～Iのいずれでもない

(2) 駅Pから駅Tまで行くのに，駅Qで途中下車して行くのと，駅Sで途中下
車して行くのとでは，いくらの差があるか。

 A 10円   B 20円   C 30円   D 40円
 E 50円   F 60円   G 70円   H 80円
 I 90円   J A～Iのいずれでもない

🔻 順を追って計算しよう

(1) **正確に料金表を読み取る**

 途中下車しなければ，（ ① ）円で済む。
 すべての駅で途中下車すると，P→Qで（ ② ）円，Q→Rで（ ③ ）円，
R→S（ ④ ）円，S→T（ ⑤ ）円なので，合計（ ⑥ ）円かかる。
 したがって，差額は（ ⑥ ）－（ ① ）＝（ ⑦ ）円と決まる。

(2) **正確に料金表を読み取る**

 駅Pから駅Tまで行くのに，駅Qで途中下車すると，P→Qで（ ⑧ ）円，
Q→Tで（ ⑨ ）円なので，合計（ ⑩ ）円かかる。
 他方，駅Sで途中下車すると，P→Sで（ ⑪ ）円，S→Tで（ ⑫ ）円なので，
合計（ ⑬ ）円かかる。
 したがって，差額は（ ⑭ ）円と決まる。

[①480 ②150 ③130 ④140 ⑤210 ⑥630 ⑦150 ⑧150 ⑨380 ⑩530 ⑪370 ⑫210 ⑬580 ⑭50]

解答 (1) **E** (2) **E**

解いてみよう！

P，Q，R，Sの4人がマラソン大会に参加し，ゴールした順位についてⅠ～Ⅲのことがわかった。このとき，ア～ウのうち必ずしも誤りとはいえないものはどれか。

Ⅰ 同着はなく，4人とも順位が確定した
Ⅱ Pは1位だった
Ⅲ QよりあとにRがゴールした

| ア | Qは2位だった | イ | Rは2位だった | ウ | Sは3位だった |

A	アのみ	B	イのみ	C	ウのみ
D	アとイ	E	アとウ	F	イとウ
G	アとイとウ	H	すべて該当しない

問題文の読み解き

成り立つ可能性があれば「必ずしも誤りとはいえない」

Ⅰ 同着はなく，4人とも順位が確定した ←同着はない
Ⅱ Pは1位だった ←Pは1位で確定
Ⅲ QよりあとにRがゴールした ← 「よりあと」は「直後」とは限らない
必ずしも誤りとはいえないものはどれか。
↑「必ずしも誤りとはいえない」は「必ず誤り」ではない

順を追って計算しよう

1 表を作って整理する

1位～4位の枠を作って書き込んでいくと次のようになる。空欄にはSが入る。

1位	2位	3位	4位	
P	Q	R		……〔1〕
P	Q		R	……〔2〕
P		Q	R	……〔3〕

2 それぞれの選択肢を分析する

アの「Qは2位だった」は，〔1〕と〔2〕の場合があるので，（ ① ）。
イの「Rは2位だった」は，（ ② ）。
ウの「Sは3位だった」は，〔2〕の場合があるので，（ ③ ）。

解答 E　　　［ ①必ずしも誤りとはいえない ②誤り ③必ずしも誤りとはいえない ］

例題

P，Q，R，Sの4人が体育祭の100m走に参加した。ゴールした順位について次のことがわかった。

Ⅰ　同着はなく，4人とも順位が確定した
Ⅱ　Sは1位ではなかった
Ⅲ　PとQの間に1人がゴールした

(1) このとき確実に誤りといえるものはどれか。

　　ア　Pは2位だった　　　イ　Qは1位だった　　　ウ　Rは3位だった

　　A　アのみ　　　　　　B　イのみ　　　　　　C　ウのみ
　　D　アとイ　　　　　　E　アとウ　　　　　　F　イとウ
　　G　アとイとウ　　　　H　すべて該当しない

(2) 次のカ～クのうち，どれか1つを加えれば4人の順位が確定する。その条件を挙げているものはどれか。

　　カ　Pは1位だった　　　キ　Qは2位だった　　　ク　Rは4位だった

　　A　カのみ　　　　　　B　キのみ　　　　　　C　クのみ
　　D　カとキ　　　　　　E　カとク　　　　　　F　キとク
　　G　カとキとク　　　　H　すべて該当しない

順を追って計算しよう

1位～4位の枠を作って書き込んでいくと次のようになる。「PとQの間に1人」は，PとQの先後関係が不明であることに注意。

1位	2位	3位	4位	
P	R	Q	S	……〔1〕
	S		R	……〔2〕
Q	R	P	S	……〔3〕
	S		R	……〔4〕
R	P	S	Q	……〔5〕
R	Q	S	P	……〔6〕

(1) アは(①)，イは(②)(③)の場合に成り立つが，ウは成り立たない。

(2) カは(④)(⑤)で確定せず，キは(⑥)で確定し，クは(⑦)(⑧)で確定しない。

解答 (1) **C**　(2) **B**　　　〔①〔5〕②〔3〕③〔4〕④〔1〕⑤〔2〕⑥〔6〕⑦〔2〕⑧〔4〕〕

解いてみよう！

家から北の方角の100m先に神社がある。この神社を正面に見たときの右方向に家から100m進むと駅がある。神社は駅から見てどの方角にあるか。

A　北　　　　　　B　東　　　　　　C　南　　　　　　D　西
E　北東　　　　　F　南東　　　　　G　南西　　　　　H　北西
I　北北西　　　　J　A〜Iのいずれでもない

問題文の読み解き

目印の位置関係を正確にとらえる

家から北の方角の100m先に神社がある。この神社を正面に見たときの右方向に
↑神社は家から北の方角の100m先　　　　　　　　　神社を正面に見たときの右方向＝東↑
家から100m進むと駅がある。神社は駅から見てどの方角にあるか。
↑駅は家から東の方角の100m先

順を追って計算しよう

1 神社を正面に見たときの右方向とはどの方角かを考える

設問文より，神社は家から見て（①）の方角にある。
（①）の方角を正面に見て右方向とは，（②）の方角である。

2 駅から見て神社はどの方角にあるかを考える

神社は家から見て（①）の方角の100m先，駅は家から見て（②）の方角の100m先にあるので，駅から見て神社は（③）の方角にある。

ちなみに駅から神社までの距離は（④）mである。

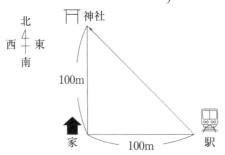

解答 H

［ ①北 ②東 ③北西 ④100√2 ］

例題

駅から南東に200m進むと幼稚園がある。幼稚園まで行き、幼稚園を目の前に駅を背に立つと、後方300m先に小学校があり、右方向200m先に中学校がある。

(1) 駅から見ると小学校はどの方角にあるか。

A	北	B	東	C	南	D	西
E	北東	F	南東	G	南西	H	北西
I	北北西	J	A～Iのいずれでもない				

(2) 駅から見ると中学校はどの方角にあるか。

A	北	B	東	C	南	D	西
E	北東	F	南東	G	南西	H	北西
I	南南東	J	A～Iのいずれでもない				

順を追って計算しよう

(1)「南東」を向いて立ったときの後方は「北西」

駅の南東に幼稚園があるから、「幼稚園まで行き、幼稚園を目の前に駅を背に立つ」とは「南東を向いて立つ」ということである。この状態で「後方」とは（①）の方角である。

駅から南東の方角の200m先に幼稚園があるので、幼稚園から（①）の方角の200m先に駅がある。小学校は幼稚園から（①）の方角の300m先にあるので、小学校は駅から（①）の方角の（②）m先にある。

(2)「南東」を向いて立ったときの右方向は「南西」

「幼稚園まで行き、幼稚園を目の前に駅を背に立つ」とは「南東を向いて立つ」ということである。この状態で「右方向」とは（③）の方角である。

幼稚園から（①）の方角の200m先に駅があり、（③）の方角の200m先に中学校があるので、中学校は駅から（④）の方角の（⑤）m先にあることになる。

北
西　東
南

⑩ 小学校
100m
駅 🚉
300m

200m

200√2 m

幼
幼稚園

200m

中 中学校

[①北西 ②100 ③南西 ④南 ⑤200√2]

解答 (1) **H** (2) **C**

✍ 解いてみよう！

太字で示した語句と同じ意味を表しているものはどれか。A〜Eの選択肢の中から1つ選びなさい。

期待

A 嘱望	B 所属	C 失望
D 直属	E 本望	

覚えておきたい同意語

意見―見解	倹約―節約	一瞬―刹那	陰謀―策略
継承―踏襲	示唆―暗示	優遇―厚遇	断行―敢行
枢要―核心	依頼―委託	運命―天命	円満―温厚
応援―加勢	架空―虚構	完遂―達成	帰郷―帰省

順に選択肢を見ていこう

1 太字の語句の意味を確認する

「期待」は「よい結果を待ち望むこと」という意味で，日常的に使っている「期待」の意味を理解していれば，すぐに同意語を探すことができる。

2 明らかに異なる選択肢を除外する

まず、「望」の漢字が付かないBとDに注目する。Bの「所属」は「団体や組織に一員として加わること」，Dの「直属」は「直接に属すること」であり，「期待」とは意味が異なる。また，Cの「失望」は，「期待がはずれてがっかりすること」であり，「期待」と反対の意味を持つ語句である。

3 残った選択肢について考える

Eの「本望」は「本来の望みのこと」であり，「期待」とは意味が異なる。Aの「嘱望」は「人の将来に望みをかけること」であり，「期待」の同意語と考えられる。

解答 A ［嘱望］

例題

太字で示した語句と同じ意味を表しているものはどれか。A～Eの選択肢の中から1つ選びなさい。

(1) **横着**
- A 着服
- B 横行
- C 怠慢
- D 延期
- E 横領

(2) **沿革**
- A 変革
- B 左遷
- C 復興
- D 変遷
- E 別格

順に選択肢を見ていこう

(1) **同じ漢字が使われている語句に注意する**

「横着」は「すべきことをなまけること」である。明らかに異なる選択肢はDの「延期」で、「予定を先に延ばすこと」。同じ漢字が使われているが、Aの「着服」、Bの「横行」、Eの「横領」も「横着」とは意味が異なる。したがって、Cの「怠慢」が同意語となる。

ちなみに、Aの「着服」は「他人の物を盗んで自分の物にすること」、Bの「横行」は「盛んに行われること」、Eの「横領」は「他人の物を不法に自分の物にすること」という意味である。

(2) **選択肢の意味を正確にとらえる**

「沿革」は「物事の移り変わり」や「歴史」のことである。「沿革」と明らかに意味が異なる選択肢は、Bの「左遷」、Cの「復興」、Eの「別格」で、それぞれ「左遷」は「いままでより低い地位や官職に落とすこと」、「復興」は「衰えたものが再び盛んな状態になること」、「別格」は「特別の取り扱いをすること」である。また、同じ漢字が使われているAの「変革」は「変えて新しいものにすること」という意味なので、同意語とはいえない。

したがって、Dの「変遷」が同意語となる。

解答 (1) **C** ［怠慢］ (2) **D** ［変遷］

43

解いてみよう！

太字で示した語句と反対の意味を表しているものはどれか。A～Eの選択肢の中から1つ選びなさい。

竣工

A 起工 B 人工 C 凱旋
D 完工 E 施策

覚えておきたい反意語

愛護↔虐待	粋↔野暮	偉人↔凡人	暁↔黄昏
解散↔召集	軽率↔慎重	能動↔受動	恥辱↔名誉
自愛↔自虐	迂回↔直行	萎縮↔伸長	横柄↔謙虚
解任↔就任	凝固↔融解	醜悪↔優美	祝辞↔弔辞

順に選択肢を見ていこう

1 太字の語句の意味を確認する

「竣工」は「工事が終了すること」である。「竣」という漢字には「工事が終わる」という意味があり，「工」と組み合わせて工事に関する語句となる。意味がわからないときは，「この建造物は20XX年8月7日竣工予定です」のように，「竣工」を使った文例を考えると，意味を想像しやすくなる。

2 明らかに異なる選択肢を除外する

Bの「人工」は「人間の手で物や現象などを作り出すこと」，Cの「凱旋（がいせん）」は「戦いに勝って帰ること」，Eの「施策」は「政策や対策を立てて実地に行うこと」であり，いずれも工事に関係する語句ではない。

3 残った選択肢について考える

Dの「完工」には「完」という漢字が使われており，「完了する」という意味を持つ語句と想像できる。つまり，「竣工」と「完工」は似た意味を持つ語句と考えられる。したがって，残ったAの「起工」が「竣工」の反意語となる。「起」という漢字からも，「工を起こす」という意味を想像できる。

解答 A ［起工］

例 題

太字で示した語句と反対の意味を表しているものはどれか。A～Eの選択肢の中から1つ選びなさい。

(1) **執着**

A 確執	B 着目	C 拘束
D 起源	E 断念	

(2) **弛緩**

A 収束	B 緊張	C 緩急
D 発散	E 落胆	

順に選択肢を見ていこう

(1) 似た意味の漢字を持つ語句を除外する

「執着」とは「ひとつのことにとらわれて離れられないこと」である。「固執」や「装着」といった語句を思い浮かべると，意味を想像しやすい。

まず，似たような意味を持つ漢字を使った語句を除外しよう。Aの「確執」は「互いに自分の意見を主張して譲らないこと」，Bの「着目」は「特に注意して見ること」，Cの「拘束」は「思想や行動などの自由を制限すること」であり，いずれも「執着」と反対の意味を持つ語句ではない。また，Dの「起源」は「物事の起こり」という意味であり，「執着」とは関係がない。

Eの「断念」が「きっぱりとあきらめること」であり，「執着」の反意語といえる。

(2) 漢字から反対の意味を考える

「弛緩（しかん）」は「ゆるむこと」である。「弛」と「緩」はいずれも「ゆるむ」という意味を持つ。「ゆるむ」の反対の意味は「締まる」であり，それに近い意味の語句を考えると，Bの「緊張」が適切である。

Aの「収束」は「まとまって収まりがつくこと」，Dの「発散」は「内部にたまっていたものが外部に散らばること」，Eの「落胆」は「期待どおりにならずにがっかりすること」である。また，Cの「緩急」は「ゆるやかなことと急なこと」で，反対の意味の漢字が組み合わされた語句であり，「緩急をつける」などのように使う。

解答 (1) **E** ［断念］ (2) **B** ［緊張］

太字で示した2語と同じ関係になる対を表しているのはア～ウのどれか。A～
Hの選択肢の中から1つ選びなさい。

スポーツ：サッカー
　　ア　アクセサリー：ピアス
　　イ　試験：テスト
　　ウ　紫陽花：植物

A　アだけ	B　イだけ	C　ウだけ
D　アとイ	E　アとウ	F　イとウ
G　すべて正しい	H　すべて間違っている	

問題文の読み解き

どちらがどちらに含まれるかに注意する

「一方が他方に含まれる」という包含関係にある2語を選ぶ問題。
太字で示した2語は，「一方が他方に含まれる」または「一方が他方の一種である」
という関係にある。前後のどちらがどちらに含まれるかに注意して選択肢を選ぼう。

順に選択肢を見ていこう

1「スポーツ」は「サッカー」を含む
　「サッカー」は「スポーツ」の一種であり，前者の「スポーツ」が後者の「サッ
カー」を含む関係にあることがわかる。

2 アの関係を把握する
　「ピアス」は「アクセサリー」の一種であり，この2語は前者が後者を含む関係
にある。

3 イの関係を把握する
　「試験」も「テスト」も同じ意味のことばである。つまり，この2語は同意語の
関係にあり，太字の2語と同じ関係にはない。

4 ウの関係を把握する
　「紫陽花（アジサイ）」は「植物」の一種であり，前者が後者に含まれる関係に
ある。つまり，ウと太字の2語は逆の包含関係にある。

解答 A［アだけ］

例 題

太字で示した2語と同じ関係になる対を表しているのはア～ウのどれか。A～Hの選択肢の中から1つ選びなさい。

(1) **感覚：味覚**
　　ア　季節：春
　　イ　寝室：部屋
　　ウ　ボート：ヨット

　　A　アだけ　　　　　　　B　イだけ　　　　　　　C　ウだけ
　　D　アとイ　　　　　　　E　アとウ　　　　　　　F　イとウ
　　G　すべて正しい　　　　H　すべて間違っている

(2) **新聞：メディア**
　　ア　パソコン：インターネット
　　イ　電気：停電
　　ウ　稲作：農業

　　A　アだけ　　　　　　　B　イだけ　　　　　　　C　ウだけ
　　D　アとイ　　　　　　　E　アとウ　　　　　　　F　イとウ
　　G　すべて正しい　　　　H　すべて間違っている

順に選択肢を見ていこう

(1) 並列の関係に惑わされない

「味覚」は「感覚」の一種であり，この2語は前者が後者を含む関係にある。アの「春」は「季節」の一種であり，前者が後者を含む関係にある。イの「寝室」は「部屋」の一種であり，前者が後者に含まれる関係にある。ウの「ボート」と「ヨット」はいずれも船の一種であり，並列の関係にある。

(2) 関係がないことばを素早く除外する

「新聞」は，世間に情報を発信する「メディア」の一種であり，前者が後者に含まれる関係にある。アは「パソコン」を使って「インターネット」に接続するが，「パソコン」が「インターネット」に含まれるわけではない。イも同様に，「電気」が「停電」に含まれるわけではない。ウの「稲作」は「農業」の一種であり，前者が後者に含まれる関係にある。

解答 (1) **A** ［アだけ］　(2) **C** ［ウだけ］

Step 1

Step 2

Step 3

Challenge 1

Challenge 2

例 題

以下の文章を読んで，問いに答えなさい。

　四季を通じて，私は秋という季節が一番好きである。もっともこれは，たいていの人に共通の好みであろう。元来日本という国は，気候的にあまり住みよい国ではない。夏は湿気が多く，蒸暑いことで世界無比といわれているし，春は空が低く（　ア　）であり，冬は紙の家の設備に対して，寒さがすこしひどすぎる。（しかもその紙の家でなければ，夏の暑さがしのげないのだ。）日本の気候では，ただ秋だけが快適であり，よく人間の生活環境に適している。

　だが私が秋を好むのは，こうした一般的の理由以外に，特殊な個人的の意味もあるのだ。というのは，秋が戸外の散歩に適しているからである。元来，私は甚だ趣味や道楽のない人間である。釣魚（つり）とか，ゴルフとか，美術品の蒐集（しゅうしゅう）などという趣味娯楽は，私の全く知らないところである。碁，将棋の類は好きであるが，友人との交際がない私は，めったに手合せする相手がないので，結局それもしないじまいでいる次第だ。旅行ということも，私は殆（ほと）んどしたことがない。嫌（きら）いというわけではないが，荷造りや旅費の計算が面倒であり，それに宿屋に泊ることが厭（いや）だからだ。こうした私の性癖を知っている人は，私が毎日家の中で，為（な）すこともない退屈の時間を殺すために，雑誌でもよんでごろごろしているのだろうと想像している。しかるに実際は（　イ　）で，私は書き物をする時の外，殆ど半日も家の中にいたことがない。どうするかといえば，野良犬（のらいぬ）みたいに終日戸外をほっつき廻っているのである。そしてこれが，私の唯一の「娯楽」でもあり，「消閑法」でもあるのである。つまり私が秋の季節を好むのは，戸外生活をするルンペンたちが，それを好むのと同じ理由によるのである。

　前に私は「散歩」という字を使っているが，私の場合のは少しこの言葉に適合しない。いわんや近頃流行のハイキングなんかという，颯爽（さっそう）たる風情（ふぜい）の歩き様をするのではない。多くの場合，私は行く先の目的もなく方角もなく，<u>失神者のように</u>うろうろと歩き廻っているのである。そこで「漫歩」という語がいちばん適切しているのだけれども，私の場合は瞑想（めいそう）に耽（ふけ）り続けているのであるから，かりに言葉があったら「瞑歩」という字を使いたいと思うのである。

（萩原朔太郎『秋と漫歩』）

(1) 文章中の（ア）に入る語句として適切なものをA～Fの中から選びなさい。
    A　陽気　　　　　　　　B　快晴　　　　　　　　C　憂鬱
    D　活発　　　　　　　　E　困惑　　　　　　　　F　謙虚

(2) 文章中の（イ）に入る語句として適切なものをA～Fの中から選びなさい。
    A　大正解　　　　　　　B　寝たきり　　　　　　C　出張
    D　そのとおり　　　　　E　大ちがい　　　　　　F　根暗

(3) 下線部の「失神者のように」はどういう意味か。A～Eの中から適切なものを選びなさい。
    A　神を信じていないかのごとく
    B　気を失っているかのように何も考えずに
    C　明確な目的を持って
    D　神経質に些細なことに注意を払いながら
    E　時折，記憶を失いながら

順を追って考えよう

(1) 悪い面を表現する内容になる語句を選ぶ

本文の「気候的にあまり住みよい国ではない」から，それに続く文章は季節の悪い面を表現する内容になると考えられる。Cの「憂鬱」か，Eの「困惑」が考えられるが，「困惑」では「空が低く困惑であり」となり，表現としておかしい。したがって，Cの「憂鬱」が適切である。

(2) 前後の表現から方向性を判断する

（イ）の前に「実際は」とあるため，前文と逆の内容が入ると考えられる。選択肢を見ると，Eの「大ちがい」が適切であると判断できる。

(3) 著者の意図を汲み取る

前後に「散歩」の話題があり，「失神者のようにうろうろと歩き廻っている」とあることから，本文では「失神者」という語句を比喩として用いていると考えられる。つまり，「行くあても目的もなく」という意味で，Bの「気を失っているかのように何も考えずに」が適切である。

解答　(1) **C**　［憂鬱］　(2) **E**　［大ちがい］　(3) **B**　［気を失っているかのように何も考えずに］

覚えておこう

採用試験で出題されやすい同音異義語

保障―保証―補償	期間―機関―基幹	追求―追及―追究
対称―対象―対照	要領―容量―用量	競争―競走―協奏
個人―故人―古人	改心―会心―快心	意義―異議―異義
衛星―衛生―永世	開放―解放―快方	関心―感心―歓心
異常―委譲―移譲	機会―機械―器械	意思―意志―遺志

1 下線部のカタカナにふさわしい漢字をA～Cの選択肢から選びなさい。

①先週の金曜日に人事部から他部署への<u>イドウ</u>を命じられた。
[A　移動　　B　異動　　C　異同]

②この道は工事による<u>キセイ</u>がかかっている。
[A　規制　　B　規正　　C　規整]

③彼には<u>コウショウ</u>な趣味がある。
[A　哄笑　　B　高尚　　C　高唱]

④この会社には上昇<u>シコウ</u>が強い社員が多い。
[A　思考　　B　志向　　C　指向]

2 下線部のカタカナにふさわしい漢字を書きなさい。

①多数の<u>テンポ</u>が並ぶショッピングセンター

②<u>ダンガイ</u>裁判

③現金<u>スイトウ</u>帳

④タバコやお酒は<u>シコウ</u>品に含まれる

⑤<u>セイカ</u>は酪農を営んでいる

①B

②A

③B

④B

①店舗

②弾劾

③出納

④嗜好

⑤生家

📖 覚えておこう

■連立方程式の解き方

【代入法】

$$\begin{cases} y = 2x & \text{①} \\ 3x + y = 10 & \text{②} \end{cases}$$

①を②に代入
$3x + 2x = 10$
$5x = 10$
$x = 2,\ y = 4$

【加減法】

$$\begin{cases} x + y = 15 & \text{①} \\ 2x + 3y = 35 & \text{②} \end{cases}$$

①×2−②を計算

$$\begin{array}{r} 2x + 2y = 30 \\ -)\ 2x + 3y = 35 \\ \hline -y = -5 \end{array}$$

$y = 5,\ x = 10$

■1 次の設問に答えなさい。

①ある選挙では投票数が10,000票だった。AはBより1,500票少なく、CはAより1,000票多く獲得したとき、Bは何票を獲得したか。

①4,000票

②1個80円の梨と1個100円の桃を買った。梨の数は桃の数の4倍で、120円のかごを含めて合計1,380円支払ったとき、梨を何個買ったことになるか。

②12個

③1枚1,600円のCDと、1枚2,000円のDVDを合わせて12枚購入した。合計金額が20,400円のとき、それぞれ何枚買ったことになるか。

③CD：9枚
DVD：3枚

④1周500mの池がある。この外周に20mおきに桜の木を植え、桜の木と桜の木の間に5mおきに杭を打つとき、杭は何本必要か。

④75本
Hint 1区間の杭は3本

⑤あるランプが点滅している。このランプが10回光るのに90秒かかった。同じ間隔で点滅すると、15回光るのは、最初に光ってから何秒後か。

⑤140秒後
Hint 10回光る間隔は9つ

覚えておこう

■ **政治分野の要点チェック**
- ●**憲法改正**：両院の総議員の3分の2以上の賛成が必要
- ●**平和主義の三大原則**：戦争放棄，戦力の不保持，交戦権の否認
- ●**基本的人権**：自由権，平等権，社会権，参政権，請求権など
- ●**国民の三大義務**：教育の義務，勤労の義務，納税の義務
- ●**選挙制度の5原則**：普通選挙，自由選挙，平等選挙，秘密選挙，直接選挙

1 次の問いに答えなさい。

①日本国憲法が公布されたのはいつか。 　　　①1946年11月3日

②日本国憲法が施行されたのはいつか。 　　　②1947年5月3日

③日本国憲法の三大原則は，国民主権，平和主義ともうひとつは何か。 　　　③基本的人権の尊重

④日本国憲法で天皇はどのように規定されているか。 　　　④（日本国・日本国民統合の）象徴

⑤自由権の3つの自由とは，身体，経済ともうひとつは何か。 　　　⑤精神

⑥公職選挙法で定められている衆議院の定数は何人か。 　　　⑥465人

⑦1つの選挙区から1人の代表を選出する選挙制度を何というか。 　　　⑦小選挙区制

⑧衆議院の被選挙権は何歳以上か。 　　　⑧25歳

⑨各政党に対して投票し，得票率に比例した議席を配分する制度を何というか。 　　　⑨比例代表制

⑩男女平等の選挙権が認められたのはいつか。 　　　⑩1945年

一般常識 04 英語

覚えておこう

■採用試験で出題されやすい同意語

effort － endeavor（努力）
assemble － gather（集める）
ordinary － common（普通の）

sorrow － grief（悲しみ）
hide － conceal（隠す）
hopeless － desperate（絶望的な）

■採用試験で出題されやすい反意語

comedy（喜劇）－ tragedy（悲劇）
allow（認める）－ forbid（禁止する）
active（積極的な）－ passive（消極的な）

surplus（黒字）－ deficit（赤字）
include（含む）－ exclude（除く）
absolute（絶対的な）－ relative（相対的な）

1次の単語の同意語を答えなさい。

① triumph

② help

③ establish

④ enough

⑤ empty

① victory（勝利）

② aid（助ける）

③ found（設立する）

④ sufficient（十分な）

⑤ vacant（空の）

2次の単語の反意語を答えなさい。

① encourage

② reveal

③ absent

④ regular

⑤ patient

① discourage（落胆させる）

② conceal（隠す）

③ present（出席している）

④ irregular（不規則な）

⑤ impatient（気短な）

■**文学史の要点チェック**
【**日本文学**】●大和・奈良・平安：舎人親王ら『日本書紀』，紀貫之『古今和歌集』
『土佐日記』，清少納言『枕草子』 ●鎌倉・室町：鴨長明『方丈記』，藤原定家
ら『新古今和歌集』 ●江戸：井原西鶴『好色一代男』，松尾芭蕉『奥の細道』
●明治以降：坪内逍遥『小説神髄』，森鷗外『舞姫』，夏目漱石『吾輩は猫である』，
芥川龍之介『羅生門』，太宰治『人間失格』，三島由紀夫『潮騒』，司馬遼太郎『竜
馬がゆく』
【**世界文学**】●アメリカ：マーク・トウェイン『トム・ソーヤの冒険』
●イギリス：シェイクスピア『ロミオとジュリエット』，スティーブンソン『宝
島』 ●フランス：カミュ『異邦人』 ●ロシア：ドストエフスキー『罪と罰』
●中国：司馬遷『史記』

❶次の問いに答えなさい。

①吉田兼好が残した日本三大随筆のひとつとされる
随筆は何か。

①徒然草

②『曽根崎心中』や『国性爺合戦』などを発表した
江戸時代前期の浄瑠璃作家は誰か。

②近松門左衛門

③『たけくらべ』や『にごりえ』などを残し，五千円
紙幣にも印刷されている作家は誰か。

③樋口一葉

④『伊豆の踊り子』などを発表し，日本人初のノー
ベル文学賞を受賞した作家は誰か。

④川端康成

⑤『飼育』で芥川賞を受賞し，日本で2人目のノーベ
ル文学賞を受賞した作家は誰か。

⑤大江健三郎

⑥イタリアの詩人であるダンテによって書かれた，
死者の国を旅する物語は何か。

⑥神曲

⑦19世紀に『戦争と平和』や『復活』などを発表
したロシアの作家は誰か。

⑦レフ・トルストイ

集中演習

 **Step2**

✍ 解いてみよう！

ある記念館の入館料は1人500円であるが，15人以上で2割引の団体料金が適用される。今，20人の団体がこの記念館に入ろうとしている。このとき入館料の総額はいくらか。

A	6,000円	B	6,500円	C	7,000円
D	7,500円	E	8,000円	F	8,500円
G	9,000円	H	9,500円	I	10,000円

J　A〜Iのいずれでもない

問題文の読み解き

団体料金を計算してから総額を求める

ある記念館の入館料は1人500円であるが，15人以上で2割引の団体料金が適用される。今，20人の団体がこの記念館に入ろうとしている。このとき入館料の総額はいくらか。

　↑1人500円が基準　　　　　15人を含む↑　　↑2割引は1−0.2＝0.8倍

　↑15人以上なので団体料金が適用される　　　　1人分ではなく全員の合計↑

順を追って計算しよう

1 団体料金が適用されたときの1人あたりの入館料を計算する

　「2割引」とは，1−（①）＝（②）倍のこと。

　500×（②）＝（③）円

2 20人の入館料の総額を計算する

　1人あたり（③）円なので，

　（③）×20＝（④）円

解答 E

［ ①0.2 ②0.8 ③400 ④8,000 ］

📋 例題

ある娯楽施設は，1人あたりの入場料が大人600円，子ども400円であるが，大人と子ども合わせて10人を超えると25％引になる。

(1) 大人2人，子ども8人の入館料の総額はいくらか。

A	3,000円	B	3,300円	C	3,600円	D	3,900円
E	4,000円	F	4,400円	G	4,800円	H	5,000円
I	5,500円	J	A〜Iのいずれでもない				

(2) 大人6人，子ども9人の入館料の総額はいくらか。

A	5,100円	B	5,400円	C	5,700円	D	6,000円
E	6,300円	F	6,600円	G	6,900円	H	7,200円
I	7,500円	J	A〜Iのいずれでもない				

(3) 大人と子ども合わせて20人の団体の入館料の合計が6,900円だったとき，この団体には大人が何人いるか。

A	5人	B	6人	C	7人	D	8人
E	9人	F	10人	G	11人	H	12人
I	13人	J	A〜Iのいずれでもない				

順を追って計算しよう

(1) 通常料金で計算する

大人2人＋子ども8人＝合計10人なので，通常料金が適用される。

$600 \times 2 + 400 \times 8 = (①)$円

(2) 25％引の割引料金を計算する

大人6人＋子ども9人＝合計15人なので，割引料金が適用される。

「25％引」とは，小数で(②)倍，つまり分数で(③)倍のこと。

大人1人の割引料金は，$600 \times (③) = (④)$円，子ども1人の割引料金は，$400 \times (③) = (⑤)$円。したがって，$(④) \times 6 + (⑤) \times 9 = (⑥)$円。

(3) 連立方程式を立てて解く

大人をx人と置くと，子どもは$(20 - x)$人と表せる。

$(④)x + (⑤) \times (20 - x) = (⑦)$ $\therefore x = (⑧)$人

$$[①4,400 \quad ②0.75 \quad ③\frac{3}{4} \quad ④450 \quad ⑤300 \quad ⑥5,400 \quad ⑦6,900 \quad ⑧6]$$

解答 (1) **F**　(2) **B**　(3) **B**

解いてみよう！

原価3,000円で仕入れた商品に80％の利益を見込んで定価をつけたが，売れなかったので値引きした。この商品の売値が4,320円のとき，定価から何％の値引きをしたか。

A	16％	B	20％	C	24％	D	28％
E	32％	F	36％	G	40％	H	44％
I	48％	J	A〜Iのいずれでもない				

問題文の読み解き

売値が定価の何倍かを考える

原価3,000円で仕入れた商品に80％の利益を見込んで定価をつけたが，売れなかっ
↑原価3,000円　　　　　　　　↑定価は原価の80％増（1.8倍）
たので値引きした。この商品の売値が4,320円のとき，定価から何％の値引きをし
　　　　　　　　　　　↑売値4,320円
たか。

順を追って計算しよう

1 80％の利益を見込んでつけた定価を計算する

原価は3,000円，定価は原価の80％増なので，

定価は，3,000 ×（①）=（②）円

2 売値が定価の何倍にあたるかを計算する

売値が定価の何倍かを求め，値引き率を計算する。

定価は（②）円，売値は4,320円なので，

4,320 ÷（②）=（③）となり，売値は定価の（③）倍になる。

3 値引き率に変換する

売値は定価の（③）倍なので，売値は定価の（④）％引になる。

解答 B

［ ①1.8 ②5,400 ③0.8 ④20 ］

📖 例 題

原価1,000円で仕入れた商品に，利益を見込んで定価をつけたが，売れなかったので10%引にした。

(1) 定価が1,200円のとき，最終的な利益はいくらか。

A	10円	B	20円	C	30円	D	40円
E	50円	F	60円	G	70円	H	80円
I	90円	J	A〜Iのいずれでもない				

(2) 売値が1,350円のとき，定価はいくらか。

A	1,450円	B	1,500円	C	1,550円	D	1,600円
E	1,650円	F	1,700円	G	1,750円	H	1,800円
I	1,850円	J	A〜Iのいずれでもない				

(3) 最終的な利益が620円だったとき，何%増の定価をつけたか。

A	30%増	B	42%増	C	50%増	D	62%増
E	70%増	F	72%増	G	80%増	H	82%増
I	90%増	J	A〜Iのいずれでもない				

順を追って計算しよう

(1) 売値を求め，「売値−原価」を計算する

定価は1,200円，売値は定価の10%引なので，

売値は，$1,200 \times$ (①) = (②)円

「売値−原価＝利益」より，(②) − 1,000 = (③) 円

(2) 定価をx円と置いて方程式を立てる

定価をx円と置くと，売値は定価の10%引なので，$x \times$ (①) − 1,350

この方程式を解くと，$x =$ (④)円

(3) 定価をx円と置いて方程式を立てる

定価をx円と置くと，売値は定価の10%引なので，

「売値−原価＝最終的な利益」より，$x \times 0.9 - 1,000 = 620$ ∴$x =$ (⑤)円

定価は原価の(⑥)倍なので，(⑦)%増に設定したことがわかる。

[①0.9 ②1,080 ③80 ④1,500 ⑤1,800 ⑥1.8 ⑦80]

解答 (1) **H** (2) **B** (3) **G**

✍ 解いてみよう！

X，Y，Zの3人がそれぞれ自分の好きな飲み物を買った。Xは800円，Yは900円の飲み物を買い，あとから3人の負担が平等になるように，ZがXに200円，Yに300円を支払って精算が完了した。Zはいくらの飲み物を買ったか。

A	50円	B	100円	C	150円	D	200円
E	250円	F	300円	G	350円	H	400円
I	0円（買わなかった）			J	A～Iのいずれでもない		

問題文の読み解き

精算結果から1人あたりの負担額を計算する

X，Y，Zの3人がそれぞれ自分の好きな飲み物を買った。Xは800円，Yは900円の飲み物を買い，あとから3人の負担が平等になるように，ZがXに200円，Yに
↑Xは800円，Yは900円，Zは？円　　　　　　　　　800 − 200 ＝ 600円↑
300円を支払って精算が完了した。Zはいくらの飲み物を買ったか。
↑900 − 300 ＝ 600円

順を追って計算しよう

■1 1人あたりの負担額を計算する

精算結果から考えると，Xは800円を支払い，200円をもらって精算完了なので，
1人あたりの負担額は，800 − 200 ＝（ ① ）円

■2 Zが買った飲み物の金額を計算する

ZはXに200円，Yに300円を支払い，精算を完了しているので，
600 − 200 − 300 ＝（ ② ）円の飲み物を買ったことがわかる。

> 1人あたりの負担額が600円なので，全員の支払った金額の合計は，600 × 3
> ＝ 1,800円。Xが800円，Yが900円支払っているので，これを引いてもZの
> 支払った金額がわかる。
> すなわち，1,800 − 800 − 900 ＝ 100円と決まる。

解答 B

[① 600 ② 100]

📑 例題

P，Q，Rの3人で喫茶店に入ったが，会計の際，Pが200円，Rが500円を支払い，あとから3人の負担が平等になるように，PがQに400円，RがQに100円を支払って精算を完了した。

(1) 会計の際，Qはいくら支払ったか。

A	500円	B	600円	C	700円	D	800円
E	900円	F	1,000円	G	1,100円	H	1,200円
I	1,300円	J	A～Iのいずれでもない				

(2) QがPに600円の借金があり，この借金の清算も同時に行うことにした。このとき，お金が無駄に循環しないようにするには，誰が誰にいくら支払えばよいか。

A	QがPに200円，RがPに100円	B	QがPに100円，RがPに200円
C	QがPに100円，RがPに100円	D	QがPに200円
E	RがPに200円	F	QがPに300円，RがPに100円
G	QがPに200円，RがPに200円	H	QがPに100円，RがPに300円
I	QがPに300円	J	A～Iのいずれでもない

順を追って計算しよう

(1) 1人あたりの負担額からQが支払った金額を計算する

Pは200円を支払い，さらに400円を支払って精算を完了しているので，
1人あたりの負担額は，200 + 400 =（ ① ）円
したがって，3人が支払った金額の合計は，（ ① ）× 3 =（ ② ）円
Pが200円，Rが500円を支払っているので，
Qの支払った金額は，（ ② ）- 200 - 500 =（ ③ ）円と決まる。

(2) Rが100円を支払う相手に注意する

PはQに400円を支払わなければならないが，600円の貸金と相殺すると，
400 - 600 = -（ ④ ）円で，（ ④ ）円をもらうことになる。
QはRから100円をもらえるので，100 +（ ⑤ ）=（ ④ ）円をPに支払う。
このとき，100円が無駄に循環するので，RからPに100円を直接支払い，QはPに残りの（ ⑤ ）円を支払えば精算が完了する。

解答 (1) **G**　(2) **C**

［ ①600 ②1,800 ③1,100 ④200 ⑤100 ］

解いてみよう！

ある本を1日目に全体の$\frac{1}{2}$，2日目に全体の$\frac{1}{8}$，3日目に残りの30ページを読み，すべてを読み終えた。この本は全部で何ページあるか。

A 20ページ	B 30ページ	C 40ページ
D 50ページ	E 60ページ	F 70ページ
G 80ページ	H 90ページ	I 120ページ

J A〜Iのいずれでもない

問題文の読み解き

具体的な数量とその割合をもとに全体を計算する

ある本を1日目に全体の$\frac{1}{2}$，2日目に全体の$\frac{1}{8}$，3日目に残りの30ページを読み，
　↑全体を1とする　　↑読み終えたページは$\frac{1}{2}+\frac{1}{8}$　　　　↑残りが30ページ
すべてを読み終えた。この本は全部で何ページあるか。

順を追って計算しよう

1 残りのページの割合を計算する

全体を1とすると，残りのページの割合は，

$1 - \left(\frac{1}{2} + \frac{1}{8} \right) = 1 - (①) = (②)$

2 具体的な数量の割合から全体を計算する

全体の(②)が30ページにあたるので，次の方程式が成り立つ。

全体 × (②) = 30

これを解くと，全体 $= 30 \div (②) = 30 \times (③) = (④)$ ページあることになる。

解答 G　　　　　　　　　　　　　　$\left[① \frac{5}{8} \ ② \frac{3}{8} \ ③ \frac{8}{3} \ ④ 80 \right]$

📑 例題

ある本を1日目に全体の $\frac{1}{3}$，2日目に全体の $\frac{1}{6}$，3日目に残りの60ページを読み，すべてを読み終えた。

(1) 3日目に全体の何%を読んだか。

    A 12.5%   B 20.0%   C 25.0%   D 30.0%

    E 37.5%   F 40.0%   G 50.0%   H 60.0%

    I 62.5%   J A～Iのいずれでもない

(2) 2日目に何ページを読んだか。

    A 10ページ   B 15ページ   C 20ページ   D 25ページ

    E 30ページ   F 35ページ   G 40ページ   H 45ページ

    I 50ページ   J A～Iのいずれでもない

(3) 当初は，毎日同じページ数を読んで，4日間で読み終わる予定だった。予定では1日あたり何ページ読むことになっていたか。

    A 20ページ   B 24ページ   C 30ページ   D 36ページ

    E 40ページ   F 48ページ   G 50ページ   H 60ページ

    I 72ページ   J A～Iのいずれでもない

順を追って計算しよう

(1) 残りのページの割合を計算する

全体を1とすると，3日目に読んだページの割合は，

$1 - \left(\frac{1}{3} + \frac{1}{6} \right) = 1 - (\text{①}) = (\text{②}) = (\text{③})$ %になる。

(2) 3日目の割合からページ数を計算する

全体の（③）%が60ページにあたるので，次の方程式が成り立つ。

全体 × （②）= 60

これを解くと，全体 = 60 ÷ （②）= 60 × （④）=（⑤）ページになる。

2日目は全体の $\frac{1}{6}$ を読んだので，

（⑤）× $\frac{1}{6}$ =（⑥）ページを読んだことになる。

(3) 全体のページ数を4日に均等分割する

全体のページ数は（⑤）ページなので，

1日あたりに読むページは，（⑤）÷ 4 =（⑦）ページの予定だったとわかる。

解答 (1) **G**　(2) **C**　(3) **C**　　　[① $\frac{1}{2}$ ② $\frac{1}{2}$ ③50.0 ④2 ⑤120 ⑥20 ⑦30]

✎ 解いてみよう！

ある水槽を満水にするのに，給水管Pを2本と給水管Qを1本使うと5分かかり，給水管Pを1本と給水管Qを2本使うと4分かかる。この水槽を満水にするのに，給水管Pだけを3本使うと，どれだけの時間がかかるか。

A	6分39秒	B	6分40秒	C	6分45秒	D	6分54秒
E	7分10秒	F	7分12秒	G	7分15秒	H	7分20秒
I	7分30秒	J	A～Iのいずれでもない					

問題文の読み解き

全体の仕事量を求める式を立てる

ある水槽を満水にするのに，給水管Pを2本と給水管Qを1本使うと5分かかり，
↑満水状態＝(2P＋Q)×5
給水管Pを1本と給水管Qを2本使うと4分かかる。この水槽を満水にするのに，
↑満水状態＝(P＋2Q)×4
給水管Pだけを3本使うと，どれだけの時間がかかるか。
↑3P

順を追って計算しよう

① 満水状態をP，Qで表す

Pが1分あたりにP ℓ，Qが1分あたりQ ℓ を給水すると考えると，
「Pを2本とQを1本」で5分かかることから，$\{(2P＋Q)×5\}\ell$，
「Pを1本とQを2本」で4分かかることから，$\{(P＋2Q)×4\}$ ℓ と表せる。
これらはいずれも満水状態を表すので，

$(2P＋Q)×5＝(P＋2Q)×4$ ……〔1〕
$\qquad 10P＋5Q＝4P＋8Q$
$\qquad\qquad 6P＝3Q$
$\qquad\qquad 2P＝Q$ ∴ $P：Q＝(①)：(②)$

したがって，Pは1分あたりに1 ℓ，Qは1分あたりに2 ℓ を給水すると考えることができる。

② 満水状態を計算する

$P＝(①)$，$Q＝(②)$を〔1〕の左辺に代入すると，$(2P＋Q)×5＝(③)$
Pだけを3本使うので，満水状態を$(P×3)$で割ればよい。
$(③)÷\{(①)×3\}＝(④)$分。これは$(⑤)$分$(⑥)$秒である。

解答 B

$$\left[\ ①1\ ②2\ ③20\ ④6\frac{2}{3}\ ⑤6\ ⑥40\ \right]$$

📝 例題

ある水槽を満水にするのに，給水管Pを2本と給水管Qを3本使うと5分かかり，給水管Pを1本と給水管Qを3本使うと6分かかる。

(1) この水槽を満水にするのに，給水管Pだけを1本使うと，何分かかるか。

A	1分	B	3分	C	8分	D	10分
E	12分	F	15分	G	20分	H	24分
I	30分	J	A～Iのいずれでもない

(2) この水槽を満水にするのに，給水管Pを7本と給水管Qを1本使うと，何分何秒かかるか。

A	3分 6秒	B	3分12秒	C	3分18秒	D	3分24秒
E	3分36秒	F	3分42秒	G	3分48秒	H	3分54秒
I	6分 6秒	J	A～Iのいずれでもない

順を追って計算しよう

全体の仕事量を文字式で表す

全体の仕事量は，「Pを2本とQを3本」で5分かかるので，$(2P + 3Q) \times 5$，「Pを1本とQを3本」で6分かかるので，$(P + 3Q) \times 6$と表せる。

これらが同じ仕事量になるので，次の方程式が成り立つ。

$(2P + 3Q) \times 5 = (P + 3Q) \times 6$

これを解くと，$4P = 3Q$ ∴$P : Q = (①) : (②)$

したがって，Pの1分あたりの仕事量は$(①)$，Qの1分あたりの仕事量は$(②)$と置ける。

(1)**「全体の仕事量÷P」を計算する**

全体の仕事量は，$(2P + 3Q) \times 5 = \{2 \times (①) + 3 \times (②)\} \times 5$

Pだけを1本使って満水にする時間を計算するには，全体の仕事量をPの仕事量で割ればよい。$(③) \div (①) = (④)$分

(2)**「全体量÷(P×7＋Q)」を計算する**

Pを7本とQを1本使って満水にする時間を計算するには，全体の仕事量を$(P \times 7 + Q)$で割ればよい。

$(③) \div \{(①) \times 7 + (②)\} = (⑤)$分。これは$(⑥)$分$(⑦)$秒である。

解答 (1) **I** (2) **E**

$[①3 \ ②4 \ ③90 \ ④30 \ ⑤3\frac{3}{5} \ ⑥3 \ ⑦36]$

✎ 解いてみよう！

Mが午前9時に本社を出て，時速4kmで営業所に向かった。Mの忘れ物に気づいたNは，Mが出発してから15分後に本社を出て，時速6kmでMを追いかけた。このとき，NがMに追い着く時刻はいつか。

A	午前9時20分	B	午前9時25分	C	午前 9時30分
D	午前9時35分	E	午前9時40分	F	午前 9時45分
G	午前9時50分	H	午前9時55分	I	午前10時00分
J	A～Iのいずれでもない				

▼ 問題文の読み解き

同じ方向に進むときは「速さの差」で計算する

Mが午前9時に本社を出て，時速4kmで営業所に向かった。Mの忘れ物に気づい
⬆Mは午前9時に出発
たNは，Mが出発してから15分後に本社を出て，時速6kmでMを追いかけた。こ
　　　　⬆Nは午前9時15分に出発　　　MとNの差が縮まる速さは時速(6－4)km⬆
のとき，NがMに追い着く時刻はいつか。
　　　　⬆9時15分＋追い着く時間

▼ 順を追って計算しよう

①Nが出発した時点のMとNの距離の差を計算する

15分＝（ ① ）時間なので，Mが15分で進む距離は，
4×（ ① ）＝（ ② ）km
Nが追いかけ始めたとき，Mは（ ② ）km先を歩いていることになる。

②NがMに追い着く時間を計算する

同じ方向に進むので，1時間に6－4＝（ ③ ）kmの差が縮まる。
（ ② ）÷（ ③ ）＝（ ④ ）時間＝（ ⑤ ）分

③NがMに追い着く時刻を計算する

Nが出発したのは午前9時15分で，その（ ⑤ ）分後にMに追い着くので，その時刻は午前9時（ ⑥ ）分になる。

解答 F

$\left[\ ①\dfrac{1}{4}\ ②1\ ③2\ ④0.5\ ⑤30\ ⑥45\ \right]$

📝 **例 題**

ある川の上流のP地点から下流のQ地点までは距離が240mある。ある日，エンジンのないボートがP地点からQ地点まで12分かかって流された。

(1) 静水時の速さが分速100mの船でP地点からQ地点まで川を下ると，何秒でQ地点に着くか。

A	80秒	B	100秒	C	120秒	D	160秒
E	180秒	F	200秒	G	240秒	H	260秒
I	280秒	J	A～Iのいずれでもない				

(2) 静水時の速さが分速80mの船でQ地点からP地点まで川を上ると，何秒でP地点に着くか。

A	80秒	B	100秒	C	120秒	D	160秒
E	180秒	F	200秒	G	240秒	H	260秒
I	280秒	J	A～Iのいずれでもない				

順を追って計算しよう

(1) 川を下るときの速さは「静水時の船の速さ＋川の流れの速さ」

エンジンのないボートが240mを12分で流されるので，

川の流れの速さは，240÷12＝分速（①）m

川を下るときの船の速さは「静水時の船の速さ＋川の流れの速さ」で求められるので，100＋（①）＝分速（②）m

この速さで240mを移動するので，240÷（②）＝（③）分

これを秒に換算すると（④）秒となる。

(2) 川を上るときの速さは「静水時の船の速さ－川の流れの速さ」

川を上るときの船の速さは「静水時の船の速さ－川の流れの速さ」で求められるので，80－（①）＝分速（⑤）m

この速さで240mを移動するので，240÷（⑤）＝（⑥）分

これを秒に換算すると（⑦）秒となる。

解答 (1) **C**　(2) **G**　　　　［ ①20 ②120 ③2 ④120 ⑤60 ⑥4 ⑦240 ］

✏️ 解いてみよう！

男子15人，女子17人のクラスがある。このクラスの代表と副代表を決めるとき，代表と副代表が同性になる選び方は何通りあるか。

A	482通り	B	496通り	C	500通り	D	524通り
E	548通り	F	572通り	G	598通り	H	600通り
I	612通り	J	A～Iのいずれでもない				

問題文の読み解き

それぞれの選び方が何通りあるかを計算して合計する

男子15人，女子17人のクラスがある。このクラスの代表と副代表を決めるとき，
$\qquad\qquad\qquad\qquad\qquad$ 代表と副代表は別々に選ぶ→「順列」↑

代表と副代表が同性になる選び方は何通りあるか。
↑2人とも男子か2人とも女子

順を追って計算しよう

■1 2人とも男子になるときの選び方の場合の数を考える

代表と副代表は別々に選ばなければならないので，「順列」の問題である。

2人とも男子になるとき，15人から2人を選ぶことになるので，

$_{15}P_2 = (①) \times (②) = (③)$ 通り

■2 2人とも女子になるときの選び方を考える

同様に，$_{17}P_2 = (④) \times (⑤) = (⑥)$ 通り

■3 2人とも同性になる選び方を考える

「2人とも男子」と「2人とも女子」は同時には成り立たないので，

2人とも同性になる選び方は，上記を足せばよい（「和の法則」）。

したがって，2人とも同性になる選び方は，

$(③) + (⑥) = (⑦)$ 通り

解答 A

[①15 ②14 ③210 ④17 ⑤16 ⑥272 ⑦482]

📋 例題

男性10人，女性8人で勉強会を開催する。この勉強会で連絡係と会計係を1人ずつ選ぶことになった。

(1) ともに男性になる選び方は何通りあるか。

A	45通り	B	54通り	C	63通り	D	72通り
E	81通り	F	90通り	G	100通り	H	108通り
I	120通り	J	A〜Iのいずれでもない						

(2) 少なくとも1人は女性になる選び方は何通りあるか。

A	200通り	B	208通り	C	216通り	D	224通り
E	240通り	F	248通り	G	256通り	H	264通り
I	280通り	J	A〜Iのいずれでもない						

(3) 少なくとも会計係は女性になる選び方は何通りあるか。

A	96通り	B	120通り	C	136通り	D	144通り
E	153通り	F	170通り	G	181通り	H	192通り
I	200通り	J	A〜Iのいずれでもない						

順を追って計算しよう

(1) 2人とも男性になるときの選び方を考える

連絡係と会計係が「ともに男性」になる選び方の場合の数は，10人から2人を選ぶ「順列」である。$_{10}P_2$ ＝（ ① ）×（ ② ）＝（ ③ ）通り

(2) 全体から「どちらも男性」の場合を除く

「少なくとも1人は女性になる」選び方は，全体から「どちらも男性」の場合を除けば求められる。全体から連絡係と会計係の2人を選ぶ場合の数は，18人から2人を選ぶ「順列」である。$_{18}P_2$ ＝（ ④ ）×（ ⑤ ）＝（ ⑥ ）通り
「ともに男性」の場合の数は（ ③ ）通りなので，（ ⑥ ）－（ ③ ）＝（ ⑦ ）通り

(3) 連絡係は残りの17人から選ばれる

会計係は女性8人から1人を選ぶので（ ⑧ ）通り
連絡係は残りの（ ⑨ ）人から1人を選ぶので（ ⑨ ）通り
「積の法則」より，（ ⑧ ）×（ ⑨ ）＝（ ⑩ ）通りと決まる。

[①10 ②9 ③90 ④18 ⑤17 ⑥306 ⑦216 ⑧8 ⑨17 ⑩136]

解答 (1) **F** (2) **C** (3) **C**

69

解いてみよう！

箱の中に赤玉が8個，青玉が3個，黄玉が4個ある。この中から玉を2個同時に取り出すとき，2個とも同じ色になる確率はどれほどか。

A $\dfrac{5}{24}$	B $\dfrac{7}{28}$	C $\dfrac{1}{32}$	D $\dfrac{5}{32}$
E $\dfrac{3}{64}$	F $\dfrac{5}{64}$	G $\dfrac{37}{105}$	H $\dfrac{7}{15}$
I $\dfrac{51}{122}$	J A～Iのいずれでもない		

問題文の読み解き

同色の玉が出る確率をそれぞれ求めて確率を足す

箱の中に赤玉が8個，青玉が3個，黄玉が4個ある。この中から玉を2個同時に取り
↑赤8＋青3＋黄4＝合計15個　　　　　　　　「同時に」と「1個ずつ」は同じこと↑
出すとき，2個とも同じ色になる確率はどれほどか。
↑赤赤，青青，黄黄の3通り

順を追って計算しよう

■1 2個とも赤玉が出る確率を計算する

玉は合計15個（赤8＋青3＋黄4）あり，赤玉は8個あるので，
1個目で赤玉が出る確率は（①）。
残りの玉は14個，うち赤玉は7個あるので，
2個目も赤玉になる確率は（②）。
したがって，連続して赤玉が出る確率は，
「積の法則」より，（①）×（②）＝（③）になる。

■2 2個とも青玉，2個とも黄玉が出る確率を計算する

赤玉と同様に計算し，連続して青玉が出る確率は（④）×（⑤）＝（⑥），
連続して黄玉が出る確率は（⑦）×（⑧）＝（⑨）になる。

■3 2個とも同じ色の玉が出る確率を計算する

赤玉，青玉，黄玉が2個ずつ同時に出ることは起こりえないので，
「和の法則」より，（③）＋（⑥）＋（⑨）＝（⑩）になる。

> 最後に合計することになるので，③，⑥，⑨は約分しないでおく。

解答 G　　$\left[\text{①}\dfrac{8}{15} \text{②}\dfrac{7}{14} \text{③}\dfrac{56}{210} \text{④}\dfrac{3}{15} \text{⑤}\dfrac{2}{14} \text{⑥}\dfrac{6}{210} \text{⑦}\dfrac{4}{15} \text{⑧}\dfrac{3}{14} \text{⑨}\dfrac{12}{210} \text{⑩}\dfrac{37}{105} \right]$

📑 例題

2種類の福引がある。福引Pの当選確率は25%で，福引Qの当選確率は40%である。

(1) PとQを1回ずつ引くとき，どちらにも当選しない確率は何%か。

A	5%	B	10%	C	15%	D	20%
E	25%	F	30%	G	35%	H	40%
I	45%	J	A～Iのいずれでもない				

(2) PとQを1回ずつ引くとき，どちらか一方だけに当選する確率は何%か。

A	10%	B	15%	C	20%	D	25%
E	30%	F	35%	G	40%	H	45%
I	50%	J	A～Iのいずれでもない				

順を追って計算しよう

(1) 「積の法則」でそれぞれの当選しない確率を掛ける

当選しない確率は，Pが100 − 25 =（ ① ）%，

Qが100 − 40 =（ ② ）%であるから，

「積の法則」より，（ ③ ）×（ ④ ）=（ ⑤ ）

したがって，（ ⑥ ）%になる。

(2) 「和の法則」でどちらか一方だけに当選する確率を足す

どちらか一方だけに当選する場合とは，

・Pに当選してQにはずれる場合（P○，Q×）

（P○，Q×）になる確率は，（ ⑦ ）×（ ④ ）=（ ⑧ ）

・PにはずれてQに当選する場合（P×，Q○）

（P×，Q○）になる確率は，（ ③ ）×（ ⑨ ）=（ ⑩ ）

「和の法則」より，（ ⑧ ）+（ ⑩ ）=（ ⑪ ）

したがって，（ ⑫ ）%になる。

[①75 ②60 ③0.75 ④0.6 ⑤0.45 ⑥45 ⑦0.25 ⑧0.15 ⑨0.4 ⑩0.3 ⑪0.45 ⑫45]

解答 (1) **I** (2) **H**

🖋️ 解いてみよう！

町内会の45世帯に，イヌとネコを飼っているかどうかのアンケートをとったところ，次のような回答が集まった。「イヌもネコも飼っている」と回答した世帯が4世帯あったとき，イヌもネコも飼っていない世帯はいくつあるか。

	飼っている	飼っていない
イヌ	28	17
ネコ	19	26

A	1世帯	B	2世帯	C	3世帯	D	4世帯
E	5世帯	F	6世帯	G	7世帯	H	8世帯
I	なし（0世帯）			J	A～Iのいずれでもない		

問題文の読み解き
ベン図を使って条件を整理する

世帯が「飼っている」集合をベン図で表すと，次のようになる。

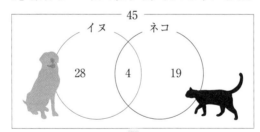

順を追って計算しよう

1 イヌとネコのいずれかを飼っている世帯数を計算する

$28 + 19 - 4 = （①）$世帯

2 イヌもネコも飼っていない世帯数を計算する

$45 - （①） = （②）$世帯と決まる。

解答 B

［①43 ②2］

📑 例題

あるマンションに入居している50世帯に, 18歳以下の子どもがいるかどうかと, その子どもが男の子か女の子かのアンケートをとったところ, 次のような回答が集まった。

	いる	いない
子ども	36	14

	いる	いない
男の子	26	24
女の子	18	32

(1) 男の子だけがいる世帯はいくつあるか。

A	10世帯	B	12世帯	C	13世帯	D	14世帯
E	15世帯	F	16世帯	G	17世帯	H	18世帯
I	19世帯	J	A〜Iのいずれでもない					

(2) 男の子も女の子もいる世帯はいくつあるか。

A	8世帯	B	9世帯	C	10世帯	D	11世帯
E	12世帯	F	13世帯	G	14世帯	H	15世帯
I	16世帯	J	A〜Iのいずれでもない					

⬇ 順を追って計算しよう

(1) **条件を交差させた表を作って整理する**

男の子「いる／いない」と女の子「いる／いない」を交差させた表を作る。

		女の子		合計
		いる	いない	
男の子	いる	(④)	(②)	26
	いない	(③)	(①)	24
合計		18	32	50

「子どもがいない」と回答した世帯は(①)世帯ある。このとき,「男の子だけいる」のが(②)世帯と決まる。

(2) **計算して数字を書き入れる**

(1)の結果より,「女の子だけいる」のが(③)世帯,「男の子も女の子もいる」のは(④)世帯となる。

解答 (1) **H** (2) **A**　　　　　　　[①14 ②18 ③10 ④8]

解いてみよう！

男子小学生200人に，将来なりたい職業についてアンケートを行ったところ，次のような結果になった。このとき，今年度の警察官になりたい男子小学生の人数は何人か。

	前年度	今年度	
	人数（人）	人数（人）	前年度比
スポーツ選手	80		
警察官			92%
医者	32	40	125%
教師		21	84%
その他	13	9	70%
合計	200	200	－

A 40人　　　B 42人　　　C 43人　　　D 44人
E 45人　　　F 46人　　　G 48人　　　H 50人
I 52人　　　J A〜Iのいずれでもない

問題文の読み解き

今年度の人数と前年度比から前年度の人数を計算する

	前年度	今年度	
	人数（人）	人数（人）	前年度比
スポーツ選手	80		
警察官			92%
医者	32	40	125%

「医者」を見ると，「前年度比」は40÷32＝1.25（125%）となっていることを確認する

順を追って計算しよう

1「前年度」の「警察官」の人数を計算する

「今年度」の「教師」の21人は「前年度」の84%なので，

「前年度」の「教師」は，21÷（①）＝（②）人

「前年度」の「警察官」の人数は，200−(80＋32＋（②）＋13)＝（③）人

2「今年度」の「警察官」の人数を計算する

「今年度」の「警察官」は，「前年度」の（③）人の92%なので，

（③）×（④）＝（⑤）人と決まる。

解答 F

［ ①0.84 ②25 ③50 ④0.92 ⑤46 ］

📋 例題

次の表は，あるベーカリーの9月と10月の種類別売上個数と，9月と10月の対前月比をまとめたものである。

	売上個数（個）		対前月比（%）
	9月	10月	
食パン	250		
クリームパン		567	
あんパン	375		
ロールパン		374	88%
合計	1,590		

(1) 「ロールパン」の9月の売上個数はいくつか。

A	410個	B	415個	C	420個	D	422個
E	425個	F	427個	G	430個	H	432個
I	435個	J	A～Iのいずれでもない				

(2) 「クリームパン」の対前月比は何%か。

A	92%	B	95%	C	102%	D	105%
E	108%	F	110%	G	112%	H	115%
I	120%	J	A～Iのいずれでもない				

▼ 順を追って計算しよう

(1) 「10月の売上個数÷対前月比」で9月の売上個数を計算する

まず，10月の売上個数と対前月比が明らかになっている「ロールパン」から考える。「ロールパン」の「10月の売上個数」の374個は「9月の売上個数」の88％なので，「9月の売上個数」は，

374 ÷（ ① ）=（ ② ）個と決まる。

(2) 「10月の売上個数÷9月の売上個数」で対前月比を計算する

次に，「クリームパン」の「9月の売上個数」は，

1,590 −（250 + 375 +（ ② ））=（ ③ ）個と決まる。

クリームパンの10月の売上個数は567個なので，

対前月比は，567 ÷（ ③ ）=（ ④ ）

つまり，（ ⑤ ）％と決まる。

解答 (1) **E** (2) **D**　　　　　　[①0.88 ②425 ③540 ④1.05 ⑤105]

解いてみよう！

P，Q，Rの3人の子どもが，動物園で見た動物について語った。次のア～エの推論のうち正しいものはどれか。ただし，発言の真偽は不明である。

P「オスのパンダがいた」
Q「黒と白の模様の動物がいた」
R「パンダかシマウマがいた」

ア　Pが正しいならば，Qも正しいといえる
イ　Pが正しいならば，Rも正しいといえる
ウ　Qが正しいならば，Pも正しいといえる
エ　Rが正しいならば，Qも正しいといえる

A	ア，イ	B	ア，ウ	C	ア，エ	D	イ，ウ
E	イ，エ	F	ウ，エ	G	ア，イ，ウ	H	ア，イ，エ
I	イ，ウ，エ	J	A～Iのいずれでもない				

問題文の読み解き

一般に「小さな概念→大きな概念」という推論は正しい

P　オスのパンダがいた　————　オスのパンダ
Q　黒と白の模様の動物がいた　——　黒白
R　パンダかシマウマがいた　————　パンダかシマウマ

順を追って計算しよう

1 P，Q，Rの発言の包含関係を考える
（①）→（②）→（③）の関係になっている。
したがって，「三段論法」より，（①）→（③）が成り立つ。

2 P，Q，Rの包含関係に応じてそれぞれの選択肢を分析する
アの「P→Q」は（④），イの「P→R」は（⑤）
ウの「Q→P」は（⑥），エの「R→Q」は（⑦）

解答 H ［①P ②R ③Q ④正しい ⑤正しい ⑥正しいとはいえない ⑦正しい］

例題

P，Q，Rの3人が，花壇に咲いていた花のことを話している。3人とも記憶が定かではないものの，思い出せる限り正確なことを発言してもらった。ただし，発言の真偽は不明である。

P 「花壇にはバラが咲いていた」
Q 「花壇には赤と白のバラが咲いていた」
R 「花壇には少なくとも2色のバラが咲いていた」

(1) 次のア～ウの推論のうち正しいものはどれか。
  ア　Pが正しければQも正しい
  イ　Qが正しければRも正しい
  ウ　Rが正しければPも正しい

  A　アのみ   B　イのみ   C　ウのみ   D　アとイ
  E　イとウ   F　アとウ   G　アとイとウ
  H　正しいものはない

(2) 次のカ～クの推論のうち正しいものはどれか。
  カ　Pが正しければRも必ず正しい
  キ　Rが正しければQも必ず正しい
  ク　Qが正しければPも必ず正しい

  A　カのみ   B　キのみ   C　クのみ   D　カとキ
  E　キとク   F　カとク   G　カとキとク
  H　正しいものはない

順を追って考えよう

（①）→（②）→（③）の関係になっている。
したがって，「三段論法」より，（①）→（③）が成り立つ。
(1) P，Q，Rの包含関係を考える
 アの「P→Q」は（④），イの「Q→R」は（⑤），ウの「R→P」は（⑥）
(2) それぞれの選択肢を分析する
 カの「P→R」は（⑦），キの「R→Q」は（⑧），クの「Q→P」は（⑨）

解答 (1) **E** (2) **C**

 ［ ①Q ②R ③P ④正しいとはいえない ⑤正しい ⑥正しい
 ⑦正しいとはいえない ⑧正しいとはいえない ⑨正しい ］

✍ 解いてみよう！

縮尺1／10,000の地図がある。この地図上で，縦1mm，横2mmの長方形は実際には何m²あるか。

A	0.002m²	B	0.02m²	C	0.2m²	D	2m²
E	20m²	F	200m²	G	2,000m²	H	20,000m²
I	200,000m²	J	A〜Iのいずれでもない						

問題文の読み解き

正確に単位を変換して計算する

縮尺1／10,000の地図がある。この地図上で，縦1mm，横2mmの長方形は，実際
　　　　　　　　　　　　　　　　　↑長さのこと（面積ではない）　　↑1mm×10,000＝10m
には何m²あるか。
↑10m×20m＝200m²

順を追って計算しよう

1 地図上の1mmが実際の何mに相当するかを考える

「縮尺1／10,000」より，地図上の「縦1mm」は実際には，

1mm÷(1／10,000)

＝1mm×10,000

＝10,000mm

＝(①)m

2 実際の面積を計算する

同様に，地図上の「横2mm」は実際には，

2mm÷(1／10,000)

＝2mm×10,000

＝20,000mm

＝(②)m

したがって，(①)×(②)＝(③)m²と決まる。

解答 F

[①10 ②20 ③200]

📖 例 題

縮尺1／5,000の地図がある。

(1) この地図上で，縦4mm，横6mmの長方形は，実際には何m²あるか。

A	0.006m²	B	0.06m²	C	0.6m²	D	6m²
E	60m²	F	600m²	G	6,000m²	H	60,000m²
I	600,000m²	J	A～Iのいずれでもない

(2) 実際の面積が100m²の正方形の土地は，この地図上では一辺何cmの正方形になるか。

A	0.01cm	B	0.02cm	C	0.05cm	D	0.1cm
E	0.2cm	F	0.5cm	G	1cm	H	2cm
I	5cm	J	A～Iのいずれでもない

(3) この地図上で，一辺10cmの正方形の土地は，実際には何km²あるか。

A	0.25km²	B	2.5km²	C	25km²	D	250km²
E	2,500km²	F	0.5km²	G	5km²	H	50km²
I	500km²	J	A～Iのいずれでもない

順を追って計算しよう

(1) 実際の長さは5,000を掛けて計算する

「縮尺1／5,000」より，地図上の「4mm」は，4mm×5,000＝（①）mm＝（②）mに相当する。同様に，地図上の「6mm」は（③）mに相当するので，実際の面積は，（②）m×（③）m＝（④）m²と決まる。

(2) 正方形の面積は（一辺）×（一辺）で求められる

実際の面積が100m²の正方形の一辺は，100＝（⑤）×（⑤）より，（⑤）m
実際の（⑤）mは，「縮尺1／5,000」より，
（⑤）×（1／5,000）＝（⑥）cmと決まる。

(3) cmからkmへの換算に注意する

「縮尺1／5,000」より，地図上の「10cm」は，
10cm×5,000＝50,000cm＝（⑦）m＝（⑧）kmに相当するので，
実際の面積は，（⑧）km×（⑧）km＝（⑨）km²と決まる。

［ ①20,000 ②20 ③30 ④600 ⑤10 ⑥0.2 ⑦500 ⑧0.5 ⑨0.25 ］

解答 (1) **F**　(2) **E**　(3) **A**

🖋 解いてみよう！

太字で示した語句と同じ意味を表しているものはどれか。A～Eの選択肢の中から1つ選びなさい。

往生

A	往復	B	創造	C	睡眠
D	永眠	E	全盛		

覚えておきたい同意語

吉報―朗報	均衡―調和	克明―丹念	律儀―実直
互角―対等	歴然―明白	格言―名言	冷淡―薄情
成就―達成	起源―発祥	揶揄―愚弄	我慢―忍耐
高尚―典雅	粗相―失敗	質素―倹約	貢献―寄与

順に選択肢を見ていこう

1 太字の語句の意味を確認する

「往生」は「死ぬこと」や「あきらめておとなしくすること」などの意味がある。与えられた語句の意味がわからないときは，その語句を使った文例を考えてみよう。たとえば，「人身事故のため東京駅で立ち往生している」などの文例を考えると，「往生」という語句が「身動きが取れない状態」などの意味を持つと想像できる。

2 明らかに異なる選択肢を除外する

「身動きが取れない状態」を想像しながら選択肢を見ると，Aの「往復」，Bの「創造」，Eの「全盛」は動きのあるイメージを持つ語句であるため除外される。ちなみにAの「往復」は「行きと帰り」，Bの「創造」は「新しいものをつくり出すこと」，Eの「全盛」は「最も盛んな状態にあること」である。

3 残った選択肢について考える

CもDも眠りに関する語句であるが，Cの「睡眠」はそのまま「眠ること」であり，Dの「永眠」は「永遠の眠りにつくこと」や「死ぬこと」という意味なので，この場合はDが最も近い意味になる。

解答 D ［永眠］

例題

太字で示した語句と同じ意味を表しているものはどれか。A〜Eの選択肢の中から1つ選びなさい。

(1) 譲歩

 A 妥協   B 譲渡   C 補足

 D 逐次   E 初志

(2) 理非

 A 道理   B 空想   C 実現

 D 理屈   E 是非

順に選択肢を見ていこう

(1) 部分的に似た意味を持つ語句を峻別する

「譲歩」は「自分の意見や主張を抑えて相手に従うこと」である。「自分の意見を抑えること」や「相手に従うこと」に注目すると，Aの「妥協」，Bの「譲渡」が候補として残る。Bの「譲渡」は「権利や財産などを他人に譲り渡すこと」であり，「譲歩」の意味を表している語句ではない。

したがって，Aの「妥協」が「譲歩」と同じ意味を表す語句となる。

ちなみに，Cの「補足」は「足りないところを補うこと」，Dの「逐次」は「順を追って次々になされること」，Eの「初志」は「最初の志のこと」である。

(2) 相反する意味を持つ語句であることに注目する

「理非（りひ）」は「正しいこと（理）と正しくないこと（非）」という意味である。明らかに意味が異なる選択肢は，Bの「空想」とCの「実現」で，それぞれ「空想」は「現実にはあり得ないようなことを思い描くこと」，「実現」は「計画や期待などが現実になること」である。

また，「理」の漢字が使われているAの「道理」は「物事の正しい筋道」，Dの「理屈」は「物事の筋道」であり，「理非」の「正しくないこと」という意味は持っていない。

したがって，Eの「是非」が同意語となる。

「是」と「非」が相反する意味を持つ語句であることがわかれば，すぐに解答がEであるとわかる。

解答 (1) **A** ［妥協］ (2) **E** ［是非］

解いてみよう！

太字で示した語句と反対の意味を表しているものはどれか。A～Eの選択肢の中から1つ選びなさい。

保守

A	保存	B	放任	C	敢行
D	革新	E	斬新		

覚えておきたい反意語

懲悪↔勧善	鎮静↔興奮	駄馬↔駿馬	多弁↔寡黙
納入↔徴収	内需↔外需	沈下↔隆起	稚魚↔成魚
追随↔率先	移動↔固定	違反↔遵守	演繹↔帰納
陰気↔陽気	穏健↔過激	好意↔悪意	濃厚↔希薄

順に選択肢を見ていこう

1 太字の語句の意味を確認する

「保守」は，構成される漢字から「守り保つ」と考えると，意味を想像しやすい。「保守点検」などというように「正常な状態を保つこと」という意味と，「保守的な考え」などのように「伝統や習慣を重んじ維持する」という意味がある。

2 太字の語句の反対の意味を考える

「保守」の反対の意味として，「攻める」や「状態を変える」といった意味を持つ語句を選べばよい。まずAの「保存」は「そのままの状態に保つこと」であり，除外される。また，Bの「放任」は「干渉しないでしたいようにさせること」であり，「攻める」や「状態を変える」といった意味は持っていない。

3 最も適切な選択肢を考える

残った3つの選択肢で迷うが，Dの「革新」が「これまでの習慣や方法などを改めて新しくすること」で，反意語として最も適切である。Cの「敢行」は「あえて行うこと」，つまり「悪条件で思い切って行うこと」であり，「思い切って行う」という行為のみに焦点があてられている。Eの「斬新」は「趣向や発想などが新しい様子」であり，「新しさ」を形容する語句である。

解答 D ［革新］

例 題

太字で示した語句と反対の意味を表しているものはどれか。A～Eの選択肢の中から1つ選びなさい。

(1) **拾得**

A 遺失   B 窃盗   C 得手

D 取捨   E 流出

(2) **寛容**

A 困難   B 難解   C 容認

D 軽率   E 厳格

順に選択肢を見ていこう

(1) 選択肢の反意語も考えてみる

「拾得」は「落し物を拾うこと」である。「拾」の漢字を見れば，意味を想像できる。「拾得」の反対の意味は「落し物をすること」であるから，選択肢の中では，Aの「遺失」がこの意味に最も近い。

Bの「窃盗（せっとう）」は「他人の物をひそかに盗むこと」，Cの「得手（えて）」は「得意とすること」であり，「拾得」の反対の意味は持たない。Eの「流出」は「外へ流れ出ること」であり，「内へ流れ入ること」（流入）が反意語と考えられる。

また，Dの「取捨」は「取り上げて用いることと捨てて用いないこと」であり，「取捨選択」のように使う。

(2) 反意語の意味を考えてから選択肢を見る

「寛容」は「心が広く，人の言動を受け入れること」である。したがって，「寛容」の反意語は「心が狭く，人の言動を受け入れないこと」という意味を持つと想像できる。

選択肢を見ると，Aの「困難」は「非常に難しいこと」，Bの「難解」は「わかりにくく難しいこと」，Dの「軽率」は「深く考えずに軽々しく行うこと」であり，いずれも「寛容」の反意語ではない。

また，Cの「容認」は「認め許すこと」であり，「寛容」と似た意味を持つ。残ったEの「厳格」は「規律や道徳に厳しく，不正や怠慢を許さないこと」であり，「寛容」の反意語として適切である。

解答 (1) **A** ［遺失］ (2) **B** ［厳格］

解いてみよう！

太字で示した2語と同じ関係になる対を表しているのはア〜ウのどれか。A〜Hの選択肢の中から1つ選びなさい。

かまぼこ：魚

　　ア　お酒：ビール
　　イ　ワイン：ブドウ
　　ウ　味噌：大豆

A　アだけ	B　イだけ	C　ウだけ
D　アとイ	E　アとウ	F　イとウ
G　すべて正しい	H　すべて間違っている	

問題文の読み解き

主原料であるかどうかに注意する

加工品とその原料の組み合わせという原料関係にある2語を選ぶ問題。
太字で示した2語は，「一方が他方から作られる」または「一方が他方からできる」
という関係にある。加工品の一部ではなく，主原料であるかどうかに注意しよう。

順に選択肢を見ていこう

1「かまぼこ」は「魚」から作られる
　「かまぼこ」は白身魚のすり身が主な原料であり，2語は原料関係にあることがわかる。

2アの関係を把握する
　「ビール」は「お酒」の一種であり，前者が後者を含む関係にある。つまり，この2語は包含関係にあり，太字の2語と同じ関係にあるとはいえない。

3イの関係を把握する
　「ワイン」は「ブドウ」の果汁を発酵させた飲み物であり，この2語は原料関係にある。

4ウの関係を把握する
　「味噌（みそ）」は「大豆」を煮て潰した調味料であり，この2語は原料関係にある。

解答 F ［イとウ］

例題

太字で示した2語と同じ関係になる対を表しているのはア～ウのどれか。A～
Hの選択肢の中から1つ選びなさい。

(1) **ココア：カカオ豆**

 ア いす：木材
 イ メンマ：シイタケ
 ウ 紙：パルプ

 A アだけ   B イだけ   C ウだけ
 D アとイ   E アとウ   F イとウ
 G すべて正しい   H すべて間違っている

(2) **大豆：納豆**

 ア サケ：イクラ
 イ 大根：たくあん
 ウ リンゴ：果物

 A アだけ   B イだけ   C ウだけ
 D アとイ   E アとウ   F イとウ
 G すべて正しい   H すべて間違っている

順に選択肢を見ていこう

(1) **そのほかに原料となるものがないかを考える**

「ココア」は，発酵させた「カカオ豆」が原料として使われ，この2語は原料関
係にあることを読み解く。アの「いす」は木製だけではなく，スチール製やプ
ラスチック製などもある。イの「メンマ」はタケノコを発酵させた加工食品。
ウの「紙」は主に木材から抽出される「パルプ」が原料であり，この2語は原料
関係にある。

(2) **原料として作られるものを選ぶ**

「納豆」は「大豆」を発酵させて作る食品であり，この2語は原料関係にあるこ
とを読み解く。アの「イクラ」は「サケ」の卵である。イの「たくあん」は「大
根」を原料とした漬物であり，この2語は原料関係にある。ウの「リンゴ」は「果
物」の一種であり，この2語は包含関係にある。

解答 (1) **C** ［ウだけ］ (2) **B** ［イだけ］

例 題

以下の文章を読んで，問いに答えなさい。

　お手紙によりますと，あなたはK君の（　ア　）について，それが過失だったろうか，自殺だったろうか，自殺ならば，それが何に原因しているのだろう，あるいは不治の病をはかなんで死んだのではなかろうかと様さまに思い悩んでいられるようであります。そしてわずか一と月ほどの間に，あの療養地のN海岸で偶然にも，K君と相識ったというような，一面識もない私にお手紙をくださるようになったのだと思います。私はあなたのお手紙ではじめてK君の彼地（かのち）での溺死を知ったのです。私はたいそうおどろきました。と同時に「K君はとうとう月世界へ行った」と思ったのです。どうして私がそんな奇異なことを思ったか，それを私は今ここでお話しようと思っています。それはあるいはK君の死の謎を解く一つの鍵であるかも知れないと思うからです。

　それはいつ頃だったか，私がNへ行ってはじめての満月の晩です。私は病気の故（せい）でその頃夜がどうしても眠れないのでした。その晩もとうとう寝床を起きてしまいまして，幸い月夜でもあり，旅館を出て，錯落とした松樹の影を踏みながら砂浜へ出て行きました。引きあげられた漁船や，地引網を（　イ　）捲く轆轤（ろくろ）などが白い砂に鮮かな影をおとしているほか，浜には何の人影もありませんでした。干潮で荒い浪が月光に砕けながらどうどうと打ち寄せていました。私は煙草をつけながら漁船のともに腰を下して海を眺めていました。夜はもうかなり更（ふ）けていました。

　しばらくして私が眼を砂浜の方に転じましたとき，私は砂浜に私以外のもう一人の人を発見しました。それがK君だったのです。しかしその時はK君という人を私はまだ知りませんでした。その晩，それから，はじめて私達は互いに名乗り合ったのですから。

（梶井基次郎『Kの昇天』）

(1) 文章中の（　ア　）に入る語句として適切なものを選びなさい。

A　失踪	B　病気	C　溺死
D　失敗	E　怪我	F　失態

(2) 文章中の（イ）の読み方として適切なものを選びなさい。

A	しく	B	まく	C	かく
D	こく	E	たく	F	いく

(3) 下線部の「相識った」とはどういう意味か。適切なものを選びなさい。

A 自分が認知すること
B 相手に知られること
C お互いに知り合いになること
D 相手が識別可能な状態になること
E 誰かわかること

順を追って考えよう

(1) 文章を読みながらキーワードを拾っていく

（ア）の直前に「K君の」とあることから，K君についての内容と判断できる。また，（ア）直後に「自殺」という語句があることから，「死」に関する内容と推測される。

さらに，本文7行目に「溺死」という語句があり，自殺とも考えられる死因はCの「溺死」しかない。

(2) 用例から漢字の読みを想像する

漢字の読みがわからなくても，用例を考えれば解けることがある。この場合，（イ）の直前に「地引網」という語句があるので，それに続く動詞と考えよう。A～Fの選択肢を一つひとつあてはめていくと，Bの「まく」が適切といえる。

(3) 漢字の構成から意味を判断する

「相」という漢字から，「お互い」などのような，双方向を意味する語句と考えられる。また，「識」という漢字から，「面識」や「認識」などの意味が想像できる。したがって，Cの「お互いに知り合いになること」が適切である。ちなみに「あいしった」と読む。

解答 (1) **C**［溺死］ (2) **B**［まく］ (3) **C**［お互いに知り合いになること］

📖 覚えておこう

■ 採用試験で出題されやすい難読漢字

商人（あきんど）	黒子（くろご）	睫毛（まつげ）	暖簾（のれん）
行灯（あんどん）	胡桃（くるみ）	名残（なごり）	草鞋（わらじ）
塩梅（あんばい）	箪笥（たんす）	欠伸（あくび）	梯子（はしご）
雑魚（ざこ）	数珠（じゅず）	時雨（しぐれ）	呑気（のんき）
贔屓（ひいき）	眩暈（めまい）	灰汁（あく）	境内（けいだい）

1 次の漢字の読み仮名を答えなさい。

問題		解答	
①玄人	②自棄	①くろうと	②やけ（じき）
③齟齬	④団扇	③そご	④うちわ
⑤所望	⑥嗚咽	⑤しょもう	⑥おえつ
⑦慟哭	⑧刹那	⑦どうこく	⑧せつな
⑨颯爽	⑩雪崩	⑨さっそう	⑩なだれ
⑪陽炎	⑫五月雨	⑪かげろう	⑫さみだれ
⑬怪訝	⑭対峙	⑬けげん	⑭たいじ
⑮生憎	⑯許婚	⑮あいにく	⑯いいなづけ
⑰胡坐	⑱山葵	⑰あぐら	⑱わさび
⑲百足	⑳蒲公英	⑲むかで	⑳たんぽぽ
㉑老舗	㉒囲炉裏	㉑しにせ	㉒いろり
㉓足袋	㉔独楽	㉓たび	㉔こま
㉕黄昏	㉖行脚	㉕たそがれ	㉖あんぎゃ

覚えておこう

■ **年齢の計算**
設問中に登場する人物の年齢はすべて同じ数だけ増減する。
・登場人物は毎年1歳ずつ年をとる。
・登場人物の年齢差は変わらない。

■ **食塩水の濃度の計算**

濃度（%） = $\dfrac{\text{食塩の重さ（g）}}{\text{食塩水の重さ（g）}} \times 100$

1 次の設問に答えなさい。

①現在の年齢は父親が45歳，子が15歳であるとき，父親の年齢が子の年齢の2倍になるのは子が何歳のときか。

①30歳

②現在の年齢は母親が45歳，長男が6歳，長女が4歳であるとき，母親の年齢が長男と長女の年齢の和の3倍になるのは何年後か。

②3年後
Hint 母＝（長男＋長女）×3

③食塩20gを80gの水に溶かすと，何%の食塩水ができるか。

③20%

④4%の食塩水300gの食塩の重さは何gか。

④12g

⑤10%の食塩水150gから50gの水を蒸発させると，何%の食塩水ができるか。

⑤15%

⑥5%の食塩水200gと8%の食塩水300gを混ぜると，何%の食塩水ができるか。

⑥6.8%

⑦15%の食塩水200gから10%の食塩水を作るには，何gの水を加えればよいか。

⑦100g

⑧3%の食塩水と7%の食塩水を混ぜて6%の食塩水400gを作るには，それぞれ何gずつ混ぜればよいか。

⑧3%の食塩水100g
7%の食塩水300g

覚えておこう

■経済分野の要点チェック
- ●経済：国民総所得（GNI），国内総生産（GDP），国民純生産（NNP），国民所得（NI），三面等価の原則（生産，分配，支出），マイナス金利
- ●景気：インフレーション，スタグフレーション，デフレスパイラル，買いオペレーション，売りオペレーション，景気動向指数
- ●需要と供給：供給曲線，需要曲線，有効需要
- ●金融：支払準備率，プライムレート，ペイオフ
- ●税制：一般会計，特別会計，国税，地方税，直接税，間接税

1 次の問いに答えなさい。

①国内で生み出された財やサービスの総額から，中間生産額を引いたものを何というか。

①GDP（国内総生産）

②需要と供給のバランスが崩れ，物価が下降し，貨幣価値が上昇する現象を何というか。

②デフレーション

③2国間における通貨交換比率を，外国為替市場の動向に任せる制度を何というか。

③変動相場制（為替相場制）

④金融機関を除く一般企業や地方公共団体などが保有する通貨量がどれくらいあるかを見る指標を何というか。

④マネーサプライ（通貨供給量）

⑤日本最大の株式取引所を何というか。

⑤東京証券取引所

⑥国が政府関係機関や地方公共団体に資金を貸し出す機能は何か。

⑥財政投融資

⑦国の財源不足を補う目的で発行されるものは何か。

⑦赤字国債

⑧同業種またはそれに近い企業同士が，互いに競争を避け，利益を確保するために協定を結ぶことを何というか。

⑧カルテル

📖 覚えておこう

■現在進行形
基本形として「動詞 + ing」で「〜しています」という意味を表す
・e で終わる動詞：e をとって ing を付ける
・ie で終わる動詞：ie を y に変えて ing を付ける
・「短母音 + 子音」で終わる動詞：子音を重ねて ing を付ける

■派生語
主に単語の最後に接尾辞が付くことによって品詞が変わる
・名詞：-ion, -ment, -ness, -al, -ance, -ism など
・形容詞：-ive, -ous, -ful, -able, -less, -ic など
・副詞：-ly, -ward, -wise, -way など
・動詞：-en, -fy, -ize など

■次の単語の名詞形を答えなさい。

①fresh　　　　　②difficult

③speak　　　　　④arrive

| ①freshness | ②difficulty |
| ③speech | ④arrival |

■次の動詞の現在進行形を答えなさい。

①make　　　　　②stop

③lie　　　　　　④get

| ①making | ②stopping |
| ③lying | ④getting |

■次の動詞は左から，原形，過去形，過去分詞形の順に並んでいる。（　　）内に入る単語を答えなさい。

①eat　　（　　　）　　eaten

②know　（　　　）　　known

③give　　gave　　（　　　）

①ate

②knew

③given

📖 覚えておこう

■音楽史・美術史の要点チェック
- バロック・ルネサンス期：ヨハン・ゼバスティアン・バッハ，アントニオ・ルーチョ・ヴィヴァルディ，ヨハネス・フェルメール
- ロマン派：フランツ・シューベルト，フレデリック・ショパン，フランツ・リスト，ジュゼッペ・ヴェルディ，ヴィルヘルム・リヒャルト・ワーグナー，マーラー，ウィリアム・ターナー　●写実主義：ミレー
- 印象派：クロード・ドビュッシー，エドゥアール・マネ，ポール・セザンヌ，ポール・ゴーギャン，フィンセント・ファン・ゴッホ
- 現代：喜多川歌麿，横山大観，黒田清輝，岡本太郎，サルバドール・ダリ，ジョージ・ガーシュウィン，イーゴリ・ストラヴィンスキー

1 次の問いに答えなさい。

①神中心の中世的な文化から人間中心の近代的な文化の創造を目指し，14世紀から16世紀に興った文化的な革命を何というか。

①ルネサンス

②オペラや器楽が発展し，近代音楽形式の基礎を築いたといわれる17世紀から18世紀半ばまでの音楽を何というか。

②バロック音楽

③代表作に『野ばら』や『魔王』，『未完成交響曲』などがあり，主にドイツ歌曲で功績を残した作曲家は誰か。

③フランツ・シューベルト

④モネやルノアールに代表される，対象から受けた主観的な感覚をそのまま表現しようとする芸術手法を何というか。

④印象派

⑤『富嶽三十六景』などの作品を発表した，江戸時代後期の浮世絵師は誰か。

⑤葛飾北斎

⑥代表作に『サントリーミュージアム』などがあり，企業や自治体を問わずさまざまな建築物を手掛けている建築家は誰か。

⑥安藤忠雄

SPI & 一般常識

集中演習

 Step3

解いてみよう!

ある喫茶店のソフトドリンクは1杯a円であるが，この喫茶店では12枚つづりの回数券を用意しており，これを10杯分の値段，つまり$10a$円で販売している。今，この喫茶店で25杯のソフトドリンクを注文するとき，回数券を使って最も安くなるようにすると，1杯あたりいくらで注文できるか。

A	$0.83a$円	B	$0.84a$円	C	$0.85a$円
D	$0.86a$円	E	$0.87a$円	F	$0.88a$円
G	$0.89a$円	H	$0.90a$円	I	$0.91a$円
J	A～Iのいずれでもない				

問題文の読み解き

回数券を何つづり使うかがポイント

ある喫茶店の<u>ソフトドリンクは1杯a円</u>であるが，この喫茶店では<u>12枚つづりの回</u>
　　　　　　↑1杯a円が正規の値段
<u>数券を用意しており，これを10杯分の値段，つまり$10a$円で販売している。</u>今，こ
↑12杯を$10a$円で注文できる
の喫茶店で<u>25杯のソフトドリンク</u>を注文するとき，<u>回数券を使って最も安くなる</u>
　　　　　↑25＝12＋12＋1　　　　　　　　　　　　　↑できるだけ多くの回数券を使う
<u>ようにする</u>と，1杯あたりいくらで注文できるか。

順を追って計算しよう

1 ソフトドリンクを注文するために必要な回数券を考える

　25＝12＋12＋1なので，（①）つづりの回数券が必要である。残りの1杯は正規の値段で注文するしかない。

2 回数券を使ったときの25杯分の値段を計算する

　回数券が（①）つづりで（②）円，残りの1杯は（③）円なので，
　総額は，（②）＋（③）＝（④）円になる。

3 1杯あたりの値段を計算する

　（④）円で25杯のソフトドリンクを注文したのだから，
　1杯あたり，（④）÷25＝（⑤）円になる。

解答 B　　　　　　　　　　　　　　[①2 ②$20a$ ③a ④$21a$ ⑤$0.84a$]

例題

あるコーヒーショップのコーヒーは1杯a円であるが，このコーヒーショップでは20枚つづりの回数券を$16a$円で販売している。

(1) 回数券を使って最も安くなるように工夫し，35杯のコーヒーを注文する。このときの値段はいくらか。

A　$27a$円	B　$28a$円	C　$29a$円	D　$30a$円
E　$31a$円	F　$32a$円	G　$33a$円	H　$34a$円
I　$35a$円	J　A～Iのいずれでもない		

(2) このコーヒーショップで57杯のコーヒーを注文する。このとき，回数券を使わずに支払う場合と，回数券を使って最も安くなるようにする場合との差額はいくらか。

A　a円	B　$2a$円	C　$3a$円	D　$4a$円
E　$5a$円	F　$6a$円	G　$7a$円	H　$8a$円
I　$9a$円	J　A～Iのいずれでもない		

順を追って計算しよう

(1) できるだけ多くの回数券を使う

35 = 20 + 15なので，回数券を（①）つづり使えばよい。

このときの値段は，（②）+ $15a$ =（③）円になる。

なお，回数券を2つづり使って回数券を余らせてしまうと，
$16a × 2 = 32a$円になって割高になる。

(2) 回数券を余らせてしまう場合も吟味する

まず，回数券を使わない場合は（④）円かかる。

次に，回数券を使う場合を考える。

57 = 20 + 20 + 17なので，回数券を2つづり使えばよい。

このときの料金は，（②）+（②）+ $17a$ =（⑤）円になる。

しかし，これは最も安い買い方ではない。

なぜなら，回数券を3つづり使い，$16a ×$（⑥）=（⑦）としたほうが安いからである。

つまり，回数券を余らせたほうが安くなるわけである。

したがって，差額は（④）−（⑦）=（⑧）円と決まる。

解答 (1) **E**　(2) **I**　　　[①1 ②$16a$ ③$31a$ ④$57a$ ⑤$49a$ ⑥3 ⑦$48a$ ⑧$9a$]

✎ 解いてみよう！

定価の40%引で売っても，なお原価の2%の利益を出すためには，定価を原価の何%増にすればよいか。

A	38%	B	42%	C	50%	D	56%
E	60%	F	70%	G	77%	H	80%
I	84%	J	A〜Iのいずれでもない				

問題文の読み解き

金額が明示されていないときは単純な数字で計算する

定価の40%引で売っても，なお原価の2%の利益を出すためには，定価を原価の何
↑値引率は40%　　　↑最終的な利益率は2%　　定価＝原価×★の形にする↑
%増にすればよいか。

順を追って計算しよう

1 原価100円，定価x円と置いて計算する

金額が明示されていないときは，使いやすい数字を使って計算してよい。

原価100円，定価x円と置くと，売値は定価の40%引なので，

売値は，$x×$（①）＝（②）円と表せる。

2 「売値－原価＝実際の利益」で方程式を立てる

利益は原価の2%なので，利益は，$100×$（③）＝（④）円と表せる。

ここで「売値－原価＝実際の利益」なので，

（②）－100＝（④）という方程式が成り立つ。

これを解くと，$x=$（⑤）円になる。

3 もとの定価を計算する

原価100円の商品に（⑤）円の定価をつけたので，

（⑤）÷100＝（⑥）＝1＋（⑦）より，

定価は原価の（⑧）%増と決まる。

解答 F

［ ①0.6 ②0.6x ③0.02 ④2 ⑤170 ⑥1.7 ⑦0.7 ⑧70 ］

📝 例題

1個2,000円で仕入れた商品に，仕入値の50％の利益を見込んで定価をつけた。仕入れた商品が全体の30％売れた直後，残りの商品を20％引の売値で販売したところ完売し，利益の総額が174,000円になった。

(1) 値引きしたあとの売値はいくらか。

A	1,200円	B	2,400円	C	2,600円	D	2,800円
E	3,000円	F	3,200円	G	3,400円	H	4,200円
I	5,200円	J	A～Iのいずれでもない					

(2) 全部で何個仕入れたか。

A	100個	B	120個	C	150個	D	200個
E	220個	F	300個	G	320個	H	400個
I	420個	J	A～Iのいずれでもない					

順を追って計算しよう

(1) **仕入値→定価→売値の順に求めていく**

仕入値2,000円で50％の利益を見込んだので，
定価は，2,000×(①) = (②)円になる。
定価の20％引の売値としたので，
売値は，(②)×(③) = (④)円になる。

(2) **利益だけを取り出して計算する**

定価で販売したときの利益は，1個あたり(②) − 2,000 = (⑤)円
売値で販売したときの利益は，1個あたり(④) − 2,000 = (⑥)円
仕入れた総数をx個と置くと，定価で販売したのは全体の30％なので，
定価で販売したときの利益は，(⑤)×(⑦) − (⑧)円になる。
値引き後の売値で販売したのは残り70％なので，
その利益は，(⑥)×(⑨) = (⑩)円になる。
利益の総額が174,000円なので，
(⑧) + (⑩) = 174,000
∴ x = (⑪)個と決まる。

[①1.5 ②3,000 ③0.8 ④2,400 ⑤1,000 ⑥400 ⑦0.3x ⑧300x ⑨0.7x ⑩280x ⑪300]

解答 (1) **B** (2) **F**

✏️ 解いてみよう！

X，Y，Zの3人がそれぞれ自分の好きな食べ物を買った。XとYは同額の食べ物を，Zは800円の食べ物を買い，あとから3人の負担が平等になるように，XとYがZに100円ずつ支払って精算が完了した。XとYはいくらの食べ物を買ったか。

A	400円	B	450円	C	500円	D	550円
E	600円	F	650円	G	700円	H	750円
I	800円	J	A～Iのいずれでもない					

問題文の読み解き

2人が同じ金額を支払っていることに注意する

X，Y，Zの3人がそれぞれ自分の好きな食べ物を買った。XとYは同額の食べ物を，
　　　　　　　　　　　　　　　　　　　　　　↑XとYは同額，Zは800円
Zは800円の食べ物を買い，あとから3人の負担が平等になるように，XとYがZに
100円ずつ支払って精算が完了した。XとYはいくらの食べ物を買ったか。
↑1人あたりの負担額は（800 − 100 × 2）円

順を追って計算しよう

1 1人あたりの負担額を計算する

精算結果から考えると，Zは800円を支払い，ZはXとYから100円ずつもらって精算完了なので，1人あたりの負担額は，
800 − 100 × 2 = （①）円になる。

2 Xが支払った金額を計算する

XはZに100円を支払って精算完了なので，1人あたりの負担額からZへ支払った金額を引いた，600 − 100 = （②）円の食べ物を買ったことがわかる。

> 3人が支払った金額の合計から考えていってもよい。
> 3人が支払った金額の合計は，（①）× 3 = （③）円になる。
> Zが800円を支払っているので，これを引いて2で割ればXとYの支払い分がわかる。すなわち，（（③）− 800）÷ 2 =（②）円になる。

解答 C

[① 600 ② 500 ③ 1,800]

📄 例題

P，Q，Rの3人でランチを食べたが，会計時にPが200円，Qが900円，Rが1,300円を支払って，あとから3人の負担が平等になるように精算することにした。

(1) この状態で精算すると，誰が誰にいくら支払えばよいか。

A	PがQに100円，PがRに500円	B	PがQに200円，PがRに300円
C	PがQに300円，PがRに200円	D	PがQに400円，PがRに100円
E	PがQに500円	F	PがRに500円
G	PがQに100円，PがRに600円	H	PがQに200円，PがRに500円
I	PがQに300円，PがRに400円	J	A～Iのいずれでもない

(2) RがQに500円の借金があり，この借金の清算も同時に行うことにした。このとき，お金が無駄に循環しないようにするには，誰が誰にいくら支払えばよいか。

A　PがQに100円	B　PがQに200円	C　PがQに300円
D　PがQに400円	E　PがQに500円	F　PがQに600円
G　PがQに100円，RがQに200円		
H　PがQに200円，RがQに100円		
I　RがQに300円	J　A～Iのいずれでもない	

順を追って計算しよう

(1) 1人あたりの負担額から差額を計算する

3人が支払った金額の合計は，200 + 900 + 1,300 = (①)円なので，
1人あたりの負担額は，(①)÷3 = (②)円になる。
Pは200 −(②)= −(③)円なので，(③)円を支払い，Qは900 −(②)=(④)円をもらえ，Rは1,300 −(②)=(⑤)円をもらえる。
したがって，PがQに(④)円，Rに(⑤)円を支払うことで精算が完了する。

(2) RにとってQへの借金とPからもらう金額が等しくなる

RはQに500円を返済しなければならないが，Pから(⑤)円をもらえるので，500円が無駄に循環することになる。これを避けるには，PからQに直接支払い，Pはさらにqにもともと支払わなければならない100円を加えて支払えばよい。
したがって，PがQに(⑥)円を支払うことで精算が完了する。

解答 (1) **A** (2) **F**　　　　[①2,400 ②800 ③600 ④100 ⑤500 ⑥600]

✍ 解いてみよう！

ある会社の今年の採用人数は男性が170人，女性が150人だった。また，今年の採用人数は昨年に比べ，全体で20%減少した。昨年の採用人数は何人だったか。

A 320人	B 380人	C 400人	D 420人
E 450人	F 500人	G 520人	H 560人
I 700人	J A～Iのいずれでもない		

問題文の読み解き

「20%減少した」とは「80%を採用した」ということ

ある会社の今年の採用人数は男性が170人，女性が150人だった。また，今年の採
↑今年は男女合わせて170＋150＝320人
用人数は昨年に比べ，全体で20%減少した。昨年の採用人数は何人だったか。
↑20%減少＝80% ↑昨年×0.8＝320

順を追って計算しよう

1 採用人数の合計を計算する

今年の採用人数は男性が170人，女性が150人なので，

合計で170 + 150 =（①）人になる。

2 今年の採用人数の割合をもとに昨年の採用人数を計算する

今年の採用人数は昨年の20%減なので，昨年の（②）%を採用したことになる。

したがって，次の方程式が成り立つ。

昨年の採用人数×（③）=（①）

これを解くと，昨年の採用人数=（①）÷（③）=（④）人になる。

解答 C

[①320 ②80 ③0.8 ④400]

例題

ある店舗の今週の来客数は男女合わせて1,400人であり，先週に比べて30％減少した。男性客は先週に比べて20％減少し，720人だった。

（1）先週の来客数は男女合わせて何人か。

A	1,600人	B	1,650人	C	1,700人	D	1,750人
E	1,800人	F	1,850人	G	1,900人	H	1,950人
I	2,000人	J	A〜Iのいずれでもない				

（2）先週の女性客は何人か。

A	800人	B	900人	C	1,000人	D	1,100人
E	1,200人	F	1,300人	G	1,400人	H	1,500人
I	1,600人	J	A〜Iのいずれでもない				

（3）女性客は先週に比べて何％減少したか。必要があれば小数点以下を四捨五入しなさい。

A	42％	B	41％	C	40％	D	39％
E	38％	F	37％	G	36％	H	35％
I	34％	J	A〜Iのいずれでもない				

順を追って計算しよう

（1）**来客数の合計と先週比で方程式を立てる**
　　先週の来客数×（①）＝ 1,400
　　これを解くと，先週の来客数 ＝ 1,400 ÷（①）＝（②）人とわかる。

（2）**先週の合計から先週の男性客を引く**
　　先週の男性客×（③）＝ 720
　　これを解くと，先週の男性客 ＝ 720 ÷（③）＝（④）人とわかる。先週の来客数の男女合計から先週の男性客を引いて，（②）−（④）＝（⑤）人。

（3）**先週と今週の女性客を比較する**
　　今週の女性客は，1,400 − 720 ＝（⑥）人
　　先週と今週の女性客を比較すると，（⑥）÷（⑤）＝（⑦）＝（⑧）％
　　したがって，（⑨）％減少したことになる。

［ ①0.7 ②2,000 ③0.8 ④900 ⑤1,100 ⑥680 ⑦0.618… ⑧62 ⑨38 ］

解答（1）**I**　（2）**D**　（3）**E**

101

解いてみよう！

Pが1人で行うと20時間，Qが1人で行うと30時間で仕上げることができる課題がある。この課題をPとQの2人で4時間取り組んだのち，残りをQが1人で仕上げると，全体でどれだけの時間で仕上げることができるか。

A	13時間20分	B	14時間40分	C	15時間
D	16時間	E	17時間20分	F	18時間40分
G	19時間	H	20時間	I	24時間
J	A〜Iのいずれでもない				

問題文の読み解き

2人で取り組んだときと1人で取り組んだときの仕事量を計算する

Pが1人で行うと20時間，Qが1人で行うと30時間で仕上げることができる課題が
↑全体の仕事量は20と30の最小公倍数で60　Pは60÷20＝3　Qは60÷30＝2
ある。この課題をPとQの2人で4時間取り組んだのち，残りをQが1人で仕上げ
　　　　　↑(3＋2)×4＝20　　　　　　　60−20＝40↑　　↑2×□＝40
ると，全体でどれだけの時間で仕上げることができるか。

順を追って計算しよう

1 PとQの1時間あたりの仕事量を計算する

20と30の最小公倍数は（①）なので，これを全体の仕事量と決める。

Pの1時間あたりの仕事量は，（①）÷20＝（②）

Qの1時間あたりの仕事量は，（①）÷30＝（③）

2 PとQが2人で4時間取り組むときの仕事量を計算する

PとQの1時間あたりの仕事量の合計は，（②）＋（③）＝（④）

2人で4時間取り組むと，（④）×4＝（⑤）が仕上がる。

3 残りをQが仕上げるための時間を計算する

残りの仕事量は，（①）−（⑤）＝（⑥）

これをQが1人で行うので，（⑥）÷（③）＝（⑦）時間かかる。

したがって，課題全体は，4＋（⑦）＝（⑧）時間で仕上げることができる。

解答 ┃

[①60 ②3 ③2 ④5 ⑤20 ⑥40 ⑦20 ⑧24]

例題

あるデータを処理するのに，PC-1で24分，PC-2で30分，PC-3で40分かかる。
今，このデータの処理をPC-1とPC-2で8分，続いてPC-2とPC-3で4分行った。

(1) この時点で，データ処理は全体の何％を終了しているか。必要があれば小数点第一位を四捨五入しなさい。

A　63%	B　67%	C　71%	D　75%
E　79%	F　83%	G　87%	H　90%
I　93%	J　A～Iのいずれでもない		

(2) 残りをPC-1だけで処理すると，全体でどれだけの時間で仕上げることができるか。

A　12分	B　14分	C　16分	D　18分
E　20分	F　22分	G　24分	H　26分
I　28分	J　A～Iのいずれでもない		

順を追って計算しよう

かかった時間の最小公倍数から各PCの仕事量を計算する

24，30，40の最小公倍数は（①）なので，これを全体の仕事量と決める。
PC-1，PC-2，PC-3の1分あたりの仕事量は，順に（①）÷24＝（②），
（①）÷30＝（③），（①）÷40＝（④）になる。

(1) **「終了した仕事量÷全体の仕事量」で割合を計算する**

PC-1とPC-2が8分でする仕事量は，（⑤）×8＝（⑥），
PC-2とPC-3が4分でする仕事量は，（⑦）×4＝（⑧）なので，
終了した仕事量は，（⑥）＋（⑧）＝（⑨）になる。
終了した仕事量の全体に対する割合は，
（⑨）÷（①）＝（⑩）＝（⑪）％と決まる。

(2) **残りをPC-1で仕上げる時間を計算する**

残りの仕事量は（①）－（⑨）＝（⑫）なので，これをPC-1だけで仕上げるのにかかる時間は，（⑫）÷（②）＝（⑬）になる。
したがって，全体を処理するには，8＋4＋（⑬）＝（⑭）分と決まる。

[①120　②5　③4　④3　⑤9　⑥72　⑦7　⑧28　⑨100　⑩0.833…　⑪83　⑫20　⑬4　⑭16]

解答 (1) **F**　(2) **C**

SPI 非言語分野 **06 速さ**

解いてみよう！

競技用トラックをスタート地点からそれぞれ反対方向にSが分速20m，Tが分速30mで歩くと，出会うまでに8分かかる。スタート地点から同じ方向にスタートすると，TがSを周回遅れにするまでに何分かかるか。

A	10分	B	12分	C	15分	D	18分
E	20分	F	24分	G	25分	H	30分
I	40分	J	A～Iのいずれでもない				

問題文の読み解き

「反対方向」は「速さの和」，「同じ方向」は「速さの差」

競技用トラックをスタート地点からそれぞれ反対方向にSが分速20m，Tが分速
　　　　　　　　↑「反対方向」は「速さの和」　　　　　　分速20m＋分速30m＝分速50m↑
30mで歩くと，出会うまでに8分かかる。スタート地点から同じ方向にスタートす
　　　　　↑50×8＝400m　　　　　　　　　↑「同じ方向」は「速さの差」
ると，TがSを周回遅れにするまでに何分かかるか。
　　　　↑周回遅れ＝TがSに追い着く

順を追って計算しよう

■1 競技用トラックの距離を計算する

Sが分速20m，Tが分速30mで反対方向に歩くので，

1分間に 20 + 30 =（①）mの差が縮まる。

出会うまでに8分かかるので，

（①）× 8 =（②）mのトラックということになる。

■2 TがSを周回遅れにするまでの時間を計算する

周回遅れにするためには，距離の「差」が1周分になればよい。

同じ方向に歩くので，1分間に 30 − 20 =（③）mの差が開く。

したがって，「差」が1周分になる時間は，

（②）÷（③）=（④）分になる。

解答

［ ①50 ②400 ③10 ④40 ］

例 題

秒速15mで走行する貨物用列車（長さ250m）と，秒速25mで走行する旅客用列車（長さ150m）がある。いずれの列車も一定の速度で走行するものとする。

(1) 貨物用列車と旅客用列車が反対方向から走行して来たとき，出合ってからすれ違い終わるまでに何秒かかるか。

A	10秒	B	15秒	C	20秒	D	25秒
E	30秒	F	35秒	G	40秒	H	45秒
I	50秒	J	A～Iのいずれでもない

(2) 貨物用列車と旅客用列車が同じ方向から走行して来たとき，旅客用列車が貨物用列車に追い着いてから追い越し終わるまで何秒かかるか。

A	10秒	B	15秒	C	20秒	D	25秒
E	30秒	F	35秒	G	40秒	H	45秒
I	50秒	J	A～Iのいずれでもない

順を追って計算しよう

(1) 両方の列車の長さの和を「速さの和」で割る

「反対方向」は「速さの和」になるので，15 + 25 = 秒速（①）m
また，すれ違う距離は両方の列車の長さの和になるので，
250 + 150 = （②）m
「距離÷速さ＝時間」で考えると，すれ違う時間は，
（②）÷（①）=（③）秒になる。

(2) 両方の列車の長さの和を「速さの差」で割る

「同じ方向」は「速さの差」になるので，25 − 15 = 秒速（④）m
また，追い着いてから追い越し終わるまでの距離は両方の列車の長さの和になるので，（②）m
「距離÷速さ＝時間」で考えると，追い越し終わるまでの時間は，
（②）÷（④）=（⑤）秒になる。

解答 (1) **A**　(2) **G**　　［ ①40 ②400 ③10 ④10 ⑤40 ］

解いてみよう！

男子8人と女子3人でレストランに行った。混雑していたため，準備のできた4人掛けのテーブルに先に4人がつくことになった。女子が2人以上含まれる選び方は何通りあるか。

A	28通り	B	34通り	C	42通り	D	58通り
E	68通り	F	74通り	G	84通り	H	92通り
I	116通り	J	A〜Iのいずれでもない				

問題文の読み解き

テーブルに先につく4人の組合せを考える

男子8人と女子3人でレストランに行った。混雑していたため，準備のできた4人
↑男子8人，女子3人　　　　先に席につく4人を選ぶ（席や順序の区別がない）→「組合せ」↑
掛けのテーブルに先に4人がつくことになった。女子が2人以上含まれる選び方は
　　　　　　　　　　　　　　「女子2人と男子2人」「女子3人と男子1人」↑
何通りあるか。

順を追って計算しよう

■ 女子2人と男子2人の選び方を考える

女子は3人から2人を選ぶので，$_3C_2 = \dfrac{3 \times 2}{2 \times 1} = （①）$通り

男子は8人から2人を選ぶので，$_8C_2 = \dfrac{8 \times 7}{2 \times 1} = （②）$通り

女子の選び方1通りについて男子の選び方があるので（「積の法則」），
$（①）\times（②）=（③）$通りになる。

■ 女子3人と男子1人の選び方を考える

女子は3人から3人を選ぶので，（④）通り
男子は8人から1人を選ぶので，（⑤）通り
女子の選び方1通りについて男子の選び方があるので（「積の法則」），
$（④）\times（⑤）=（⑥）$通りになる。

■ 女子が2人以上含まれる選び方を考える

「女子2人・男子2人」が（③）通り，「女子3人・男子1人」が（⑥）通りなので，
「和の法則」より，$（③）+（⑥）=（⑦）$通りと決まる。

解答 H

[①3 ②28 ③84 ④1 ⑤8 ⑥8 ⑦92]

計算問題が7問，文章題が3問の合計10問から，4問を選択する数学の問題がある。

(1) 計算問題と文章題のそれぞれを2問解答するとき，問題の選び方は全部で何通りあるか。ただし，解く順序は考慮しなくてよい。

A　35通り　　　B　42通り　　　C　49通り　　　D　56通り
E　63通り　　　F　70通り　　　G　77通り　　　H　84通り
I　91通り　　　J　A〜Iのいずれでもない

(2) 計算問題，文章題ともに少なくとも1問は解答するとき，問題の選び方は全部で何通りあるか。ただし，解く順序は考慮しなくてよい。

A　105通り　　B　119通り　　C　133通り　　D　147通り
E　161通り　　F　175通り　　G　189通り　　H　203通り
I　217通り　　J　A〜Iのいずれでもない

順を追って計算しよう

(1) それぞれ2問を解答するときの選び方を考える

計算問題は7問から2問を選ぶので，$_7C_2 = \dfrac{7 \times 6}{2 \times 1} = (①)$通り

文章題は3問から2問を選ぶので，$_3C_2 = \dfrac{3 \times 2}{2 \times 1} = (②)$通り

「積の法則」より，$(①) \times (②) = (③)$通りになる。

(2) 全体から「計算問題だけ4問」の場合を除く

「計算問題，文章題ともに少なくとも1問」とは，文章題は3問しかないので，「計算問題だけ4問」以外の場合である。したがって，全体の場合の数から，計算問題だけ4問を解答する場合の数を引けばよい。

合計10問から4問を選ぶ場合の数は，

$_{10}C_4 = \dfrac{10 \times 9 \times 8 \times 7}{4 \times 3 \times 2 \times 1} = (④)$通り

計算問題だけ4問を解答する場合の数は，7問から4問を選ぶ組合せなので，

$_7C_4 = \dfrac{7 \times 6 \times 5 \times 4}{4 \times 3 \times 2 \times 1} = (⑤)$通り

したがって，「計算問題，文章題ともに少なくとも1問は解答する」場合の数は，$(④) - (⑤) = (⑥)$通りと決まる。

解答 (1) **E** (2) **F**　　　　[①21 ②3 ③63 ④210 ⑤35 ⑥175]

✎解いてみよう！

サッカーのシュート練習を2本続けて行う。シュートが成功する確率は，1本目は6割だが，2本目は3割に落ちる。このとき，少なくとも1本はシュートが成功する確率はどれほどか。

A	2割8分	B	3割2分	C	4割8分	D	5割2分
E	6割8分	F	7割2分	G	8割1分	H	9割3分
I	9割8分	J	A～Iのいずれでもない				

問題文の読み解き

「少なくとも1本は成功」の余事象を考える

サッカーのシュート練習を2本続けて行う。シュートが成功する確率は，<u>1本目は6割</u>だが，<u>2本目は3割</u>に落ちる。このとき，<u>少なくとも1本はシュートが成功する</u>
　　　　　　　　　　 ↑成功3割，失敗7割　　　　　　「少なくとも1本は成功」の余事象は「両方とも失敗」↑
確率はどれほどか。

↑成功6割，失敗4割

順を追って計算しよう

1 「少なくとも1本は成功」の余事象を考える

シュートの結果は「○→○」「○→×」「×→○」「×→×」の4通り。

このうち，「少なくとも1本は成功」は「○→○」「○→×」「×→○」の3通りである。

この確率をいちいち計算して出すよりは，余事象「×→×」の確率を求めて全体（1）から引いたほうが早い。

2 「×→×」になる確率を計算する

1本目に失敗する確率は（①），2本目に失敗する確率は（②）なので，
「積の法則」より，（①）×（②）＝（③）となる。

3 「少なくとも1本は成功」の確率を計算する

全体を1とすると，「少なくとも1本は成功」の確率は，全体（1）から余事象の確率を引けばよい。

1－（③）＝（④）

これを歩合で表すと，（⑤）と決まる。

解答 F

［ ①0.4 ②0.7 ③0.28 ④0.72 ⑤7割2分 ］

📝 例題

表と裏のどちらも $\frac{1}{2}$ の確率で出る精巧なコインを，5回連続で投げることにした。

(1) はじめに表が3回続けて出て，そのあと裏が2回続けて出る確率はどれほどか。

A $\frac{1}{4}$ 　　B $\frac{1}{5}$ 　　C $\frac{1}{16}$ 　　D $\frac{1}{24}$

E $\frac{1}{30}$ 　　F $\frac{1}{32}$ 　　G $\frac{1}{45}$ 　　H $\frac{1}{64}$

I $\frac{1}{72}$ 　　J A～Iのいずれでもない

(2) 表が3回，裏が2回出る確率はどれほどか。

A $\frac{1}{32}$ 　　B $\frac{1}{16}$ 　　C $\frac{5}{32}$ 　　D $\frac{1}{4}$

E $\frac{5}{16}$ 　　F $\frac{3}{8}$ 　　G $\frac{9}{16}$ 　　H $\frac{5}{8}$

I $\frac{25}{32}$ 　　J A～Iのいずれでもない

🔻 順を追って計算しよう

(1) 順番が決まっている場合の確率を計算する

コインを5回投げると，全部で $2^5 = (①)$ 通りの出方がある。

このうち，「表→表→表→裏→裏」という出方は1通りしかないので，確率は（②）になる。

> 表と裏がともに $\frac{1}{2}$ の確率で出る精巧なコインなので，「表→表→表→裏→裏」と出る確率を，$\frac{1}{2} \times \frac{1}{2} \times \frac{1}{2} \times \frac{1}{2} \times \frac{1}{2} = \frac{1}{32}$ と計算してもよい。

(2) 順番が決まっていない場合の確率を計算する

5回のうち表が3回出る場合の数は，合計5回から，表の出る3回を選ぶ組合せなので，$_5C_3 = \frac{5 \times 4 \times 3}{3 \times 2 \times 1} = (③)$ 通りある。

全部で（①）通りあるうちの（③）通りなので，5回のうち表が3回出る確率は（④）と決まる。

解答 (1) **F** 　(2) **E** 　　　　　$\left[①32 \ ②\frac{1}{32} \ ③10 \ ④\frac{5}{16} \right]$

109

✎ 解いてみよう！

主婦200人に対し，果物とジュースの好き嫌いについて調査を行った。アンケートの調査項目と集計結果は次のとおりである。

調査項目	リンゴは好きですか？	リンゴジュースは好きですか？	トマトは好きですか？	トマトジュースは好きですか？
集計結果	はい　　85人 いいえ　115人	はい　　158人 いいえ　42人	はい　　75人 いいえ　125人	はい　　128人 いいえ　72人

「トマトは好きですか？」に「いいえ」と答えた人の40％が，「リンゴは好きですか？」に「はい」と答えた。このとき，「リンゴは好きですか？」に「いいえ」と答え，「トマトは好きですか？」に「はい」と答えた人は何人いたか。

A 40人	**B** 45人	**C** 50人	**D** 55人
E 60人	**F** 65人	**G** 70人	**H** 75人
I 80人	**J** A～Iのいずれでもない		

問題文の読み解き

> 必要な項目のみを抽出し，交差させた表に整理する

ベン図では「円の外側」がうまく表現できないので，表で整理する。

		トマトは好きですか？		合計
		はい	いいえ	
リンゴは好きですか？	はい		（②）	85
	いいえ	（④）	（③）	115
合計		75	125	200

順を追って計算しよう

１ 条件を書き入れる

「トマトは好きですか？」に「いいえ」と答えた人の40％が，「リンゴは好きですか？」に「はい」と答えたので，「リンゴは好きですか？」に「はい」と答え，「トマトは好きですか？」に「いいえ」と答えた人は，

$125 ×（①）=（②）$人

２ 計算して空欄を埋める

②を埋めたら，上下左右に計算して，すべてを埋める。

解答 A

［ ①0.4 ②50 ③75 ④40 ］

例題

学生500人に対し，理系科目と文系科目が得意か不得意かについて調査を行った。アンケートの調査項目と集計結果は次のとおりである。

調査項目	数学は得意ですか？	理科は得意ですか？	国語は得意ですか？	社会は得意ですか？
集計結果	はい 132人 いいえ 368人	はい 264人 いいえ 236人	はい 346人 いいえ 154人	はい 378人 いいえ 122人

(1)「数学は得意ですか？」に「はい」と答えた人の75％が，「理科は得意ですか？」に「はい」と答えたことがわかった。このとき，数学と理科のどちらも得意ではないと答えた人は何人いたか。

A 183人	B 188人	C 193人	D 198人
E 203人	F 208人	G 213人	H 218人
I 223人	J A～Iのいずれでもない		

(2)「理科は得意ですか？」と「社会は得意ですか？」のどちらにも「いいえ」と答えた人はいなかった。このとき，理科も社会も得意と答えた学生の中に，「数学は得意ですか？」に「いいえ」と答えた人は少なくとも何人いるか。

A 2人	B 3人	C 4人	D 5人
E 6人	F 7人	G 8人	H 9人
I 10人	J A～Iのいずれでもない		

順を追って計算しよう

(1) **条件を交差させた表を作る**

数学と理科で110ページのような表を作ると，数学も理科も得意な人は，132 × 0.75 = (①)人。理科だけ得意な人は，264 − (①) = (②)人，どちらも得意でない人は，368 − (②) = (③)人。

(2) **「少なくとも」とは「最少人数」のこと**

		社会は得意ですか？		合計
		はい	いいえ	
理科は得意ですか？	はい	(⑥)		264
	いいえ	(⑤)	(④)	236
合計		378	122	500

④を埋めたら，上下左右に計算して，すべてを埋める。「数学は得意ですか？」に「いいえ」と答えた人は368人なので，⑥と比較すると，

368 + (⑥) − 500 = (⑦)人は少なくともいたことがわかる。

解答 (1) **E** (2) **I**　　　　[①99 ②165 ③203 ④0 ⑤236 ⑥142 ⑦10]

111

解いてみよう！

あるカラオケ店で，月の利用客を年代別にまとめたところ，次のような結果になった。このとき，20代の構成比はどれほどか。

	人数（人）	構成比（%）
10代以下	120	30
20代		
30代		8
40代	20	
50代	44	
60代以上	76	19
合計		100

A　18%	B　22%	C　27%	D　31%
E　33%	F　35%	G　37%	H　39%
I　41%	J　A〜Iのいずれでもない		

問題文の読み解き

利用人数の合計を求めてから構成比をもとに計算する

	人数（人）	構成比（%）
10代以下	120	30
20代		
30代		8

――利用人数と構成比が明らかになっている「10代以下」から利用人数の合計を求める

順を追って計算しよう

1 条件から利用人数の合計を計算する

「10代以下」を見ると，利用人数が120人，構成比が30%なので，
利用人数の合計は，120 ÷（①）=（②）人になる。

2 「30代」の利用人数を計算する

「30代」の利用人数は，（②）×（③）=（④）人になる。

3 「20代」の構成比を計算する

「20代」の利用人数は，（②）−（120 +（④）+ 20 + 44 + 76）=（⑤）人
したがって，「20代」の構成比は，（⑤）÷（②）=（⑥）=（⑦）%と決まる

解答 C

［ ①0.3 ②400 ③0.08 ④32 ⑤108 ⑥0.27 ⑦27 ］

例題

ある会社の部署ごとの男女の割合と合計人数は，次の表のとおりである。

部署名	割合（%）		合計人数（人）
	男性	女性	
総務部	32		
人事部		20	20
営業部		25	64
経理部	40		30
その他	56	44	50

(1) 営業部の男性の人数は何人か。

A 21人　　　B 25人　　　C 28人　　　D 30人
E 34人　　　F 39人　　　G 40人　　　H 45人
I 48人　　　J A～Iのいずれでもない

(2) 総務部の男性の人数が人事部の男性の人数と等しいとき，総務部の合計人数は何人か。

A 40人　　　B 43人　　　C 48人　　　D 50人
E 53人　　　F 56人　　　G 58人　　　H 60人
I 61人　　　J A～Iのいずれでもない

順を追って計算しよう

(1) 営業部の男性の割合を計算して合計人数と掛ける

営業部の女性の割合は25%なので，営業部の男性の割合は，
100% − 25% =（ ① ）%になる。
営業部の合計人数は64人なので，
営業部の男性の人数は，64 ×（ ② ）=（ ③ ）人と決まる。

(2)「男性の人数÷割合」で合計人数を計算する

人事部の女性の割合は20%なので，男性は（ ④ ）%になる。
人事部の合計人数は20人なので，
人事部の男性の人数は，20 ×（ ⑤ ）=（ ⑥ ）人になる。
これが総務部の男性の人数と等しく，総務部の合計人数の32%にあたるので，
総務部の合計人数は，（ ⑥ ）÷（ ⑦ ）=（ ⑧ ）人と決まる。

解答 (1) **I**　(2) **D**　　　［ ①75 ②0.75 ③48 ④80 ⑤0.8 ⑥16 ⑦0.32 ⑧50 ］

113

🖊️解いてみよう！

図のような，縦2×横3のコインロッカーを，P，Q，R，Sの4人が1つずつ使っている。使用状況について，次のⅠ～Ⅲがわかっているとき，ア～エのうち，確実にいえるものをすべて挙げている選択肢はどれか。

Ⅰ　Pの上は空いている
Ⅱ　Qの右隣は空いている
Ⅲ　RとSは上下で使っている

　　　ア　Pは下段の真ん中である　　　イ　Qは上段である
　　　ウ　Pの左隣は空いている　　　　エ　RとSは右端の上下である

A　アのみ　　　　B　イのみ　　　　C　ウのみ　　　　D　エのみ
E　アとイ　　　　F　アとウ　　　　G　アとエ　　　　H　イとウ
I　イとエ　　　　J　A～Iのいずれでもない

問題文の読み解き

1つでもほかの可能性があれば「確実とはいえない」

Ⅰ　P̲の̲上̲は̲空̲い̲て̲い̲る̲ ………… Pは下段
Ⅱ　Q̲の̲右̲隣̲は̲空̲い̲て̲い̲る̲ ……… Qの右が空
Ⅲ　R̲と̲S̲は̲上̲下̲で̲使̲っ̲て̲い̲る̲ … RとSで縦に並ぶ（上下不定）

順を追って考えよう

1 RとS，PとQの位置を考える

4人が1つずつ使っているので，空きは2つある。
Qと空きが横に並ぶので，縦に並ぶRとSは左端か右端しかない。
Pの上が空きとなるので，想定されるのは次の4つ。

R	Q	空
S	空	P

S	Q	空
R	空	P

Q	空	R
空	P	S

Q	空	S
空	P	R

2 それぞれの選択肢を分析する

アの「Pは下段の真ん中である」は，Pは（①）の場合もある。イの「Qは上段である」とウの「Pの左隣は空いている」は確実にいえる。エの「RとSは右端の上下である」は，RとSが（②）の場合もある。

解答 H　　　　　　　　　　　　　　　　［ ①下段の右端 ②左端の上下 ］

例題

P，Q，R，S，Tの5人の家の位置関係について，次のア〜ウがわかっている。なお，5人は別の家に住んでいる。

ア　Qの家は，Pの北東，Tの北西にある
イ　Rの家は，Sの南西，Pの南東にある
ウ　Q，S，Tの家は一直線上にある（順不同）

(1) 次のカ〜ケのうち，確実にいえるものをすべて挙げている選択肢はどれか。
カ　Sは最も東にある　　　　　キ　Qは最も北にある
ク　PはSの真西にある　　　　ケ　RはTの真南にある

A　カのみ　　　B　キのみ　　　C　クのみ　　　D　ケのみ
E　カとキ　　　F　カとク　　　G　カとケ　　　H　キとク
I　クとケ　　　J　A〜Iのいずれでもない

(2) 次のサ〜セのうち，確実にいえるものをすべて挙げている選択肢はどれか。
サ　Pは最も西にある　　　　　シ　Rは最も南にある
ス　QはRの真北にある　　　　セ　PはTの真西にある

A　サのみ　　　B　シのみ　　　C　スのみ　　　D　セのみ
E　サとシ　　　F　サとス　　　G　サとセ　　　H　シとス
I　スとセ　　　J　A〜Iのいずれでもない

順を追って考えよう

方角はわかっているが距離が不明なので，必ずしも正方形のようになるとは限らない。しかもTはQS上にあるのか，QSの（S側の）延長上にあるのか不明なので，Sよりも東やRよりも南にある可能性がある。

解答 (1) **B** (2) **A**

115

市役所を中心とした円周上に保育所と高校があり，市役所から見て北西の方角
に保育所がある。保育所から見て東の方角に高校があるとき，高校から見て市
役所はどの方角にあるか。

A	北	B	東	C	南	D	西
E	北東	F	南東	G	南西	H	北西
I	北北東	J	A〜Iのいずれでもない				

問題文の読み解き

市役所から等距離にあることを把握する

市役所を中心とした円周上に保育所と高校があり，市役所から見て北西の方角に保
↑市役所が円の中心　　↑円周上に保育所と高校　　　　↑市役所の北西に保育所
育所がある。保育所から見て東の方角に高校があるとき，高校から見て市役所はど
　　　　　　↑保育所の東に高校
の方角にあるか。

順を追って考えよう

1 保育所と高校の位置関係を把握する

「市役所を中心とした円周上」とは「市役所から等距離にある」ということであ
る。市役所の北西に保育所，保育所の東に高校があるので，次の図のようになる。

2 高校から見た市役所の方角を考える

高校から見て市役所は（ ① ）の方角にある。

解答 G　　　　　　　　　　　　　　　　　　　　　　　　　　　　　[①南西]

📝 例題

駅を中心とした円周上に公民館，病院，コンビニがある。駅から見て西の方角に公民館があり，公民館から見て北東の方角に病院がある。また，病院の屋上から駅を見ると，駅の先のほうにコンビニがある。

(1) 駅から見て病院はどの方角にあるか。

A 北	B 東	C 南	D 西
E 北東	F 南東	G 南西	H 北西
I 西南西	J A〜Iのいずれでもない		

(2) 駅から見てコンビニはどの方角にあるか。

A 北	B 東	C 南	D 西
E 北東	F 南東	G 南西	H 北西
I 南南東	J A〜Iのいずれでもない		

順を追って計算しよう

(1) **駅を頂点とした直角二等辺三角形ができる**

駅の西に公民館，公民館の北東に病院があるので，駅から見て病院は(①)の方角にある。

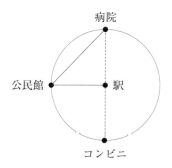

(2) **病院，駅，コンビニが一直線上に並ぶ**

病院は駅の(①)にあり，駅は病院の(②)にある。

「病院の屋上から駅を見ると，駅の先のほうにコンビニがある」ことから，コンビニは病院の(③)にある。したがって，駅から見てコンビニは(④)にあることがわかる。

解答 (1) **A**　(2) **C**　　　　　　　　　　[①北 ②南 ③南 ④南]

117

解いてみよう！

太字で示した語句と同じ意味を表しているものはどれか。A～Eの選択肢の中から1つ選びなさい。

平穏

A	安価	B	安寧	C	混乱
D	安易	E	無常		

覚えておきたい同意語

失望―落胆	出色―抜群	疎外―排斥	使命―任務
知己―親友	重宝―便利	自重―自粛	発達―進歩
漂泊―放浪	腐心―苦心	冷静―沈着	繁忙―多忙
歳月―星霜	準備―支度	頑丈―壮健	栄養―滋養

順に選択肢を見ていこう

1 太字の語句の意味を確認する

「平穏」は「平穏無事」などと使われるように，「やすらかなこと」や「穏やかなこと」といった意味である。

2 明らかに異なる選択肢を除外する

まず，日常的に使われている語句について検討する。Cの「混乱」は「物事が入り乱れて秩序をなくすこと」であり，反対の意味を持つ語句である。また，Aの「安価」は「値段が安いこと」，Dの「安易」は「簡単にできること」であり，「平穏」の意味とは異なる。

3 残った選択肢について考える

残った選択肢の中で，Bの「安寧」は「無事で安らかなこと」であり，「平穏」に最も近い意味と考えられる。Eの「無常」は「この世のすべてのものは生滅し，常に変化しているということ」，「人生のはかなさ」を表す語句であり，「平穏」とは意味が異なる。

解答 B ［安寧］

例 題

太字で示した語句と同じ意味を表しているものはどれか。A〜Eの選択肢の中から1つ選びなさい。

(1) **督促**
   A 監督　　　　　B 普及　　　　　C 催促
   D 忍耐　　　　　E 観察

(2) **抄録**
   A 安泰　　　　　B 蔵書　　　　　C 付録
   D 記録　　　　　E 抜粋

順に選択肢を見ていこう

(1) 同じ漢字が使われている語句を残す

「督促（とくそく）」は「約束や物事を早く実行するようにせき立てること」である。明らかに異なる選択肢は，Bの「普及」，Dの「忍耐」，Eの「観察」で，それぞれ「普及」は「広く行き渡ること」，「忍耐」は「苦難などをこらえること」，「観察」は「物事の状態や変化を注意深く見ること」である。

残った選択肢の中で，Aの「監督」は「取り締まったり指図したりすること」であり，「せき立てる」という意味合いがない。

したがって，Cの「催促」が同意語といえる。

(2) 漢字から意味を想像する

「抄録（しょうろく）」とは「原文から必要な部分だけを書き抜くこと，または書き抜いたもの」という意味である。「抄」が「書き抜くこと」，「録」が「書き記したもの」を表す。

Aの「安泰」は「無事でやすらかなこと」であり，「抄録」とは明らかに意味が異なる。また，Bの「蔵書」は「書物を所蔵すること，またはその書物」であり，「抄録」の「抄」の意味を含んでいない。同様に，Cの「付録」は「本文のあとに参考の意味で付けられたもの」，Dの「記録」は「物事を書き記しておくこと」であり，いずれも「書き抜く」という意味を持たない。

したがって，Eの「抜粋」が同意語となる。

解答（1）**C**［催促］　（2）**E**［抜粋］

✎ 解いてみよう！

太字で示した語句と反対の意味を表しているものはどれか。A～Eの選択肢の中から1つ選びなさい。

雑然

A	特殊	B	隠蔽	C	分析
D	整然	E	軽微		

覚えておきたい反意語

内助↔外援	祝賀↔哀悼	饒舌↔寡黙	困窮↔裕福
創業↔守成	懲罰↔褒賞	飽食↔飢餓	繁栄↔衰微
密集↔散在	無欲↔貪欲	無常↔常住	暴露↔隠蔽
破壊↔建設	精巧↔粗雑	細心↔放胆	締結↔廃棄

順に選択肢を見ていこう

1 太字の語句の意味を確認する

「雑然」は「入り乱れてまとまりのない様子」のことである。「雑」の漢字を見て，だいたいの意味を想像する。

2 選択肢を見ながら太字の反対の意味を考える

「雑」は「さまざまなものが入り混じっていること」であり，選択肢を見ると，Dの「整然」の「整」が反対の意味にあたる。語句の意味は「乱れているものを正しく揃えること」。したがって，「雑然」の反対の意味を持つ語句として適切なものは「整然」であると想像できる。

3 そのほかの選択肢について考える

Aの「特殊」は「性質や内容などが著しく異なること」，Bの「隠蔽（いんぺい）」は「真相などを故意に隠すこと」，Cの「分析」は「事柄を一つひとつ要素に分け，その構成などを明らかにすること」，Eの「軽微」は「被害や損害などがわずかであること」である。いずれも「雑然」の反対の意味を持つ語句ではない。

解答 D ［整然］

例題

太字で示した語句と反対の意味を表しているものはどれか。A～Eの選択肢の中から1つ選びなさい。

(1) **顕在**

| A 存在 | B 潜在 | C 明確 |
| D 未熟 | E 概略 | |

(2) **栄転**

| A 左遷 | B 必衰 | C 過失 |
| D 自立 | E 解放 | |

順に選択肢を見ていこう

(1) 同じ漢字を持つ選択肢に注目する

「顕在」は「問題が顕在化する」などのように使われ，「はっきりと形に表れて存在すること」という意味を持つ。この反対の意味は「見えずに潜んで存在すること」と想像できるので，同じ「在」の漢字を持つ選択肢に注目する。

Aの「存在」は「人や物があること」であり，Bの「潜在」が適切である。Cの「明確」は「はっきりしていること」，Dの「未熟」は「経験がまだ十分でないこと」，Eの「概略」は「おおよその内容」であり，いずれも「顕在」の反対の意味を持つ語句ではない。

(2) 反対の意味を持つ漢字に惑わされない

「栄転」は「より高い地位や役職に就くこと」であり，相手への尊敬語として使われることが多い。この反対の意味は「より低い地位や役職に就くこと」と想像できる。

このような意味を持つのはAの「左遷（させん）」。

Bの「必衰（ひっすい）」の「衰」は「栄」と反対の意味を持つ漢字だが，意味は「必ず衰えること」なので不適切である。Cの「過失」は「不注意などによって生じた過ち」，Dの「自立」は「独り立ちすること」，Eの「解放」は「制限を解き放って自由にすること」であり，いずれも「栄転」の反意語ではない。

解答 (1) **B** ［潜在］　(2) **A** ［左遷］

✎ 解いてみよう！

太字で示した2語と同じ関係になる対を表しているのはア〜ウのどれか。A〜Hの選択肢の中から1つ選びなさい。

ウェイター：給仕

ア　騎手：騎乗
イ　陪審員：判決
ウ　医師：検査

A　アだけ	B　イだけ	C　ウだけ
D　アとイ	E　アとウ	F　イとウ
G　すべて正しい	H　すべて間違っている	

問題文の読み解き

各職業の主な役割は何かを考える

行為の主体と，その主体が担う主な行為や仕事，役割を選ぶ問題。
太字で示した2語に職業名が含まれるときは，その職業の仕事内容を考えるとよい。
原料関係と同様に，部分的な役割ではなく，中心的な役割を選ぶようにする。

順に選択肢を見ていこう

１「ウェイター」の役割は「給仕」をすること
「ウェイター」は，レストランや喫茶店などで客の世話をする人のことであり，「給仕（きゅうじ）」をすることが役割である。つまり，前者が後者を行うという行為関係にあることがわかる。

２アの関係を把握する
「騎手」は，馬の乗り手のことであり，「騎乗」を行う人である。つまり，この2語は行為関係にある。

３イの関係を把握する
「陪審員」の役割は「判決」を下すことではなく，「評決」を行うことである。

４ウの関係を把握する
「医師」は「検査」も行うが，主な役割は「診療」をすることである。

解答 A ［アだけ］

例題

太字で示した2語と同じ関係になる対を表しているのはア〜ウのどれか。A〜Hの選択肢の中から1つ選びなさい。

（1）**俳優：演技**
　　ア　司書：学芸員
　　イ　庭師：剪定
　　ウ　車掌：車内事務

　　A　アだけ　　　　　　B　イだけ　　　　　　C　ウだけ
　　D　アとイ　　　　　　E　アとウ　　　　　　F　イとウ
　　G　すべて正しい　　　H　すべて間違っている

（2）**コンサルタント：助言**
　　ア　ピッチャー：マウンド
　　イ　パイロット：操縦
　　ウ　キャスター：取材

　　A　アだけ　　　　　　B　イだけ　　　　　　C　ウだけ
　　D　アとイ　　　　　　E　アとウ　　　　　　F　イとウ
　　G　すべて正しい　　　H　すべて間違っている

（※右側余白：Step 1 / Step 2 / Step 3 / Challenge 1 / Challenge 2）

順に選択肢を見ていこう

（1）職業の並列関係に注意する

「俳優」は映画や演劇などで「演技」をする人のことで，この2語は行為関係にあることを読み解く。アの「司書」と「学芸員」はいずれも職業名である。イの「庭師」は庭木の枝や葉を切り取って整える「剪定（せんてい）」が仕事であり，ウの「車掌」は電車などで車内アナウンスや切符の確認などの「車内事務」を行うのが仕事なので，それぞれ行為関係にある。

（2）行為者と仕事場の関係に惑わされない

「コンサルタント」は企業の経営などについて「助言」や「指導」を行うのが仕事であり，この2語は行為関係にあることを読み解く。アは，「ピッチャー」が投球を行う場所が「マウンド」であり，行為者と仕事場の関係にある。イの「パイロット」は航空機などの「操縦」が仕事であり，行為関係にある。ウの「キャスター」は「取材」も行うが，主な役割は「報道」。

解答 （1）**F**［イとウ］　（2）**B**［イだけ］

例題

次の文章を読んで，問いに答えなさい。

　日本には花の名所があるように，日本の文学にも情緒の名所がある。泉鏡花氏の芸術が即ちそれだ。と誰かが言って居たのを私は覚えている。併し，今時の女学生諸君の中に，鏡花の作品なぞを読んでいる人は殆んどないであろうと思われる。又，もし，そんな人がいた所で，そういう人はきっと今更鏡花でもあるまいと言うに違いない。（ア），私がここで大威張りで言いたいのは，日本人に生れながら，あるいは日本語を解しながら，鏡花の作品を読まないのは，折角の日本人たる（イ）を抛棄しているようなものだ。ということである。しかも志賀直哉氏のような作家は之を知らないことが不幸であると同様に，之を知ることも（少くとも文学を志すものにとっては）不幸であると（いささか逆説的ではあるが）言えるのだが，鏡花氏の場合は之と異る。鏡花氏の作品については之を知らないことは不幸であり，之を知ることは幸である。とはっきり言い切れるのである。ここに，氏の作品の近代的小説でない所以があり，又それが永遠に新しい魅力を有つ所以もある。

　鏡花氏こそは，まことに言葉の魔術師。感情装飾の幻術者。「芥子粒を林檎のごとく見すという欺罔（けれん）の器」と「波羅葦僧（はらいそ）の空をも覗く，伸び縮む奇なる眼鏡」とを持った奇怪な妖術師である。氏の芸術は一箇の麻酔剤であり，阿片であるともいえよう。

　事実，氏の芸術境は，日本文学中にあって特異なものであるばかりでなく，又世界文学中に於てもユニイクなものと言えるであろう。その神秘性に於て，ポオ（彼の科学性は全くなしとするも）にまさり，その縹渺たる情趣に於てはるかにホフマンを凌ぐものがあると考えるのは単なる私の思いすごしであろうか。空想的なるものの中の，最も空想的なもの，浪漫的なるものの中の，最も浪漫的なもの，情緒的（勿論日本的な）ものの中で，最も情緒的なもの，──それらが相寄り相集って，ここに幽艶・怪奇を極めた鏡花世界なるものを造り出す。其処では醜悪な現実はすべて，氏の奔放な空想の前に姿をひそめて，ただ，氏一箇の審美眼，もしくは正義観に照らされて，「美」あるいは「正」と思われるもののみが縦横に活躍する。

（中島敦『鏡花氏の文章』）

(1) 文章中の（ア）に入る語句として適切なものを選びなさい。

A　そして　　　　　　　　B　だから　　　　　　　　C　それ故に

D　もしかしたら　　　　　E　こうして　　　　　　　F　にもかかわらず

(2) 文章中の（イ）に入る語句として適切なものを選びなさい。

A　理由　　　　　　　　　B　特権　　　　　　　　　C　尊厳

D　個性　　　　　　　　　E　証　　　　　　　　　　F　アイデンティティ

(3) 下線部の「阿片である」とはどういう意味か。適切なものを選びなさい。

A　害を与えるもの

B　快楽を得られるもの

C　法律で禁じられているもの

D　一度，快感を知ってしまうと抜け出せないもの

E　犯罪に近いもの

順を追って考えよう

(1)（　　）の前後の内容を判断する

　直前の文章では，「最近の女学生の中に鏡花を推す人は少ない」ことを想像しているが，（　　）の直後では，「大威張り」で鏡花を称賛している。したがって，逆接の接続詞Fの「にもかかわらず」が適切である。

(2) 日々，利用している言葉や語彙から想像する

　「抛棄（ほうき）＝放棄」が読めないと悩むが，「棄」という漢字から，「何かを捨てる」や「何かを手放す」に近い意味を持つと考えられる。

　直前に「日本人に生れながら」や「日本語を解しながら」とあるように，日本人であり，日本語がわかりながら，よい意味のものを「捨てるようなもの」と言っている。これらからBの「特権」が適切であると考えられる。

(3) 前後の文から，比喩の意味合いを想像する

　「阿片（あへん）」という語句を知っていれば，比較的容易に解答できる。

　意味を知らなくても，「芸術は一箇の麻酔剤」とあることから，似た意味の比喩表現であると想像でき，段落内では鏡花を肯定しているので，Dの「快感を知ってしまうと抜け出せない」という意味が適切であるといえる。

解答 (1) **F**［にもかかわらず］　(2) **B**［特権］　(3) **D**［一度，快感を知ってしまうと抜け出せないもの］

📖 覚えておこう

■採用試験で出題されやすいことわざ・慣用句

馬の耳に念仏	糠（ぬか）に釘（くぎ）
暖簾（のれん）に腕押し	光陰矢の如し
捕らぬ狸（たぬき）の皮算用	怪我（けが）の功名
枯木も山の賑わい	釈迦（しゃか）に説法
馬子（まご）にも衣装	目の上の瘤（こぶ）
焼け石に水	覆水盆に返らず
能ある鷹は爪を隠す	立板に水
桂馬の高あがり	

1 次の（　）内にことばを入れ，下線部の慣用句を完成させなさい。

① <u>（　　　）の手も借りたい</u>ほどの忙しさだ。　　①猫

② 彼は<u>（　　　）の利</u>で大金を得た。　　②漁夫

③ <u>歯に（　　　）着せぬ</u>言い方をする。　　③衣（きぬ）

④ <u>（　　　）の子を散らす</u>ように逃げる。　　④蜘蛛（くも）

2 次の（　）内に体の一部を表す漢字を入れ，慣用句を完成させなさい。

①
（　　）┬ が無い
　　　├ を光らす
　　　└ が高い

①目

②
（　　）┬ が鳴る
　　　├ が立つ
　　　└ が上がる

②腕

③ （　　）元過ぎれば熱さを忘れる　　③喉（のど）

④ 実るほど（　　）を垂るる稲穂かな　　④頭（こうべ）

126

覚えておこう

■ **代表的な数列のパターン**

等差数列（同じ数ずつ増える，公差が正）

$$2, \quad 4, \quad 6, \quad 8, \quad 10, \cdots$$
$$\underbrace{}_{+2} \underbrace{}_{+2} \underbrace{}_{+2} \underbrace{}_{+2}$$

等差数列（同じ数ずつ減る，公差が負）

$$60, \quad 55, \quad 50, \quad 45, \quad 40, \cdots$$
$$\underbrace{}_{-5} \underbrace{}_{-5} \underbrace{}_{-5} \underbrace{}_{-5}$$

等比数列（同じ数を掛け合わせる）

$$2, \quad 4, \quad 8, \quad 16, \quad 32, \cdots$$
$$\underbrace{}_{\times 2} \underbrace{}_{\times 2} \underbrace{}_{\times 2} \underbrace{}_{\times 2}$$

階差数列（隣り合う数値の差が規則的に増える）

$$2, \quad 4, \quad 5, \quad 9, \quad 14, \cdots$$
$$\underbrace{}_{+2} \underbrace{}_{+3} \underbrace{}_{+4} \underbrace{}_{+5}$$

■ **ある規則性に従って並んでいる数字の□に当てはまるものを答えなさい。**

① 2, 7, □, 17, 22, ……

② 6, 10, □, 18, 22, ……

③ 50, 44, 38, □, 26, ……

④ 10, 6, 2, □, −6, ……

⑤ 3, □, 27, 81, 243, ……

⑥ 4, □, 100, 500, 2,500, ……

⑦ 12, □, 19, 24, 30, ……

⑧ 1, 2, 5, 10, □, ……

① 12

② 14

③ 32

④ −2

⑤ 9

⑥ 20

⑦ 15

⑧ 17

■ 国際分野の要点チェック
● 国際機関：国際連合（UN），欧州連合（EU），北大西洋条約機構（NATO），東南アジア諸国連合（ASEAN），アフリカ連合（AU）
● 国際関係：核兵器不拡散条約（NPT），包括的核実験禁止条約（CTBT），戦略兵器削減条約（START），朝鮮半島エネルギー開発機構（KEDO），ミサイル防衛（MD），集団的自衛権，北朝鮮問題
● 地域紛争：北方領土，竹島，北緯38度線，板門店，カシミール地方
● 貿易：世界貿易機構（WTO），自由貿易協定（FTA），石油輸出国機構（OPEC），北米自由貿易協定（NAFTA）

1 次の問いに答えなさい。

①核保有が認められている国は，アメリカ，イギリス，フランス，ロシアともうひとつはどこか。

①中国

②原子力の平和的利用を促進し，軍事的利用への転用を防止する国際機関は何か。

②IAEA（国際原子力機関）

③日本とロシアが領有権を争っている場所はどこか。

③北方領土

④太平洋地域の貿易の自由化を目標とし，非関税などの課題を含む包括的な協定は何か。

④TPP（環太平洋パートナーシップ協定）

⑤日本がASEAN加盟国や，インド，メキシコ，スイスなどと結んでいる，経済取引の円滑化などを目的とした協定は何か。

⑤EPA（経済連携協定）

⑥アジア・太平洋圏の経済協力を図ることを目的とし，1989年にオーストラリアの提唱で発足した経済協力の枠組みは何か。

⑥APEC（アジア太平洋経済協力）

⑦国連の主要機関で，国際平和の維持や国際紛争の解決を目的とする機関は何か。

⑦安全保障理事会

覚えておこう

■採用試験で出題されやすい英熟語

be familiar with ～（～に精通している）
be made from ～（～からできる）
look for ～（～を探す）
ask a favor of ～（～に頼みごとをする）
in order to ～（～するために）
according to ～（～によれば）

be afraid of ～（～を恐れる）
refrain from ～（～を控える）
look up A in B（AをBで調べる）
cannot help ～ing（～せざるをえない）
in spite of ～（～にもかかわらず）
by no means ～（決して～でない）

■ 次の文章の（　　）に最も適切な単語を入れなさい。

①ハリーは父親に似ている。
Hurry takes（　　）his father.

②私はヨーロッパで育てられた。
I was（　　）up in Europe.

③昔はよく球場に行った。
I（　　）to go to baseball stadium.

④彼は決して弱虫ではない。
He is（　　）from wimp.

⑤外出している間，家で留守番をお願いしていい？
Would you（　　）after the house while I'm out?

⑥このプロジェクトを終わらせるには，少なくとも
あと2日かかる。
It takes at（　　）two days to finish this project.

⑦彼は自分でやらず，代わりに弟にやらせた。
（　　）of doing it himself, he made his
brother do it.

① after

② brought

③ used

④ far

⑤ look

⑥ least

⑦ Instead

一般常識 05 雑学

覚えておこう

■科学・環境分野の要点チェック

- IT：LINE, Facebook, X（旧Twitter）, クラウド, スーパーコンピューター, スマートフォン, タブレット端末, サイバー攻撃, 人工知能（AI）, IoT
- 条約：ワシントン条約, バーゼル条約, ラムサール条約, 地球サミット, 気候変動枠組条約, 生物多様性条約, モントリオール議定書
- 環境：地球温暖化対策税（環境税）, 温室効果ガス, 酸性雨, 再生可能エネルギー特別措置法

◼次の問いに答えなさい。

①「LINE」や「Facebook」,「Instagram」などに代表されるコミュニティ型のWebサービスを総称して何と呼ぶか。

①SNS（ソーシャル・ネットワーキング・サービス）

②使用済み核燃料からプルトニウムとウランを回収し, 再利用することを何というか。

②プルサーマル

③地球温暖化対策として注目される, 植物資源を原料とした自動車燃料は何か。

③バイオエタノール

④多様性を指し, 人種や性別, 年齢, 価値観などにこだわらず多様な人材を幅広く受け入れ, 彼らの能力を生かす捉え方を何というか。

④ダイバーシティ

⑤廃棄物の排出をゼロにする技術や経営を目指す計画を何というか。

⑤ゼロ・エミッション

⑥働き方改革では,（ a ）の上限規制,（ b ）の確実な取得, 正社員と非正規社員の（ c ）の禁止等が挙げられた。

⑥ a 時間外労働
　 b 年次有給休暇
　 c 不合理な待遇差

⑦2015年に「国連気候変動枠組条約締約国会議（COP）」において採択された, 京都議定書（1997年）に代わる温暖化対策の世界的なルールを何というか。

⑦パリ協定

実践演習

Challenge 1

✍ 解いてみよう！

ある寺院の拝観料は1人600円であるが，20人を超えるときは，20人を超えた分について4割引になる。今，30人の団体がこの寺院に入ろうとしている。このときの拝観料の総額はいくらか。

A 14,400円	B 15,000円	C 15,600円
D 16,000円	E 16,200円	F 16,800円
G 17,200円	H 17,600円	I 18,000円
J A〜Iのいずれでもない		

問題文の読み解き

正規料金と割引料金を分けて考える

ある寺院の<u>拝観料は1人600円</u>であるが，<u>20人を超えるとき</u>は，20人を超えた分に
　　　　　↑1人600円が基準　　　　　　↑「20人を超える」は20人を含まない
ついて4割引になる。今，<u>30人の団体がこの寺院に入ろうとしている</u>。このときの
　　　　　　　　　　↑20人は正規料金で10人は割引料金
拝観料の総額はいくらか。

順を追って計算しよう

■1 20人の拝観料を計算する

20人は正規料金が課されるので，

（ ① ）× 20 =（ ② ）円

■2 残り10人の拝観料を計算する

4割引は小数で（ ③ ）倍のことなので，

1人あたりの割引料金は，600 ×（ ③ ）=（ ④ ）円

この料金で10人が拝観するので，（ ④ ）× 10 =（ ⑤ ）円

■3 拝観料の総額を計算する

（ ② ）+（ ⑤ ）=（ ⑥ ）円

解答 C　　　　　　　　　　[①600 ②12,000 ③0.6 ④360 ⑤3,600 ⑥15,600]

あるテーマパークの1人あたりの入場料は，大人1,000円，子ども800円であるが，大人が5人を超えるときは超えた分につき1割引に，子どもが8人を超えるときは超えた分につき2割引になる。

(1) 大人8人と子ども4人のグループが入場するとき，入場料の合計はいくらか。

A	9,760円	B	9,860円	C	9,920円	D	9,980円
E	10,200円	F	10,620円	G	10,900円	H	10,960円
I	11,200円	J	A〜Iのいずれでもない				

(2) 大人5人と子ども10人のグループが入場するとき，入場料の合計はいくらか。

A	10,900円	B	11,220円	C	11,540円	D	11,860円
E	12,020円	F	12,680円	G	12,840円	H	13,000円
I	13,160円	J	A〜Iのいずれでもない				

順を追って計算しよう

(1) 大人3人を割引料金で計算する

大人8人は，5人まで正規料金1,000円，残り3人は割引料金が適用される。1割引の料金は，$1,000 \times (①) = (②)$ 円なので，

大人8人の合計は，$1,000 \times 5 + (②) \times 3 = (③)$ 円になる。

子ども4人は正規料金800円が適用されるので，

子ども4人の合計は，$800 \times 4 = (④)$ 円になる。

これらを合計すると，$(③) + (④) = (⑤)$ 円と決まる。

(2) 子ども2人を割引料金で計算する

大人5人は正規料金1,000円が適用されるので，

大人5人の合計は，$1,000 \times 5 = (⑥)$ 円になる。

子どもは10人なので，8人までは正規料金800円，残りの2人は割引料金が適用される。2割引の料金は，$800 \times (⑦) = (⑧)$ 円なので，

子ども10人の合計は，$800 \times 8 + (⑧) \times 2 = (⑨)$ 円になる。

これらを合計すると，$(⑥) + (⑨) = (⑩)$ 円と決まる。

[①0.9　②900　③7,700　④3,200　⑤10,900　⑥5,000　⑦0.8　⑧640　⑨7,680　⑩12,680]

<u>解答</u> (1) **G**　(2) **F**

解いてみよう！

ある商品に原価の5割の利益を見込んで定価をつけた。しかし，売れなかったので，定価の2割引の売値をつけたところ，利益が400円になった。この商品の原価はいくらか。

A	1,200円	B	1,400円	C	1,600円	D	1,800円
E	2,000円	F	2,200円	G	2,400円	H	2,600円
I	2,800円	J	A〜Iのいずれでもない						

問題文の読み解き

原価を x 円と置き，定価と売値を x を使って表す

ある商品に原価の5割の利益を見込んで定価をつけた。しかし，売れなかったので，
↑5割＝0.5なので定価＝原価×1.5
定価の2割引の売値をつけたところ，利益が400円になった。この商品の原価はい
↑2割＝0.2なので売値＝定価×0.8　　　↑売値−原価＝実際の利益
くらか。

順を追って計算しよう

1 原価を x 円と置き，定価と売値を x を使って表す

原価を x 円と置くと，原価の5割の利益を見込んで定価をつけたので，
定価は，$x \times$（①）＝（②）円になる。
売値は定価の2割引なので，（②）×（③）＝（④）円と表せる。

2「売値−原価＝実際の利益」で方程式を立てる

利益が400円なので，「売値−原価＝実際の利益」から，
（④）−x ＝ 400 という方程式が成り立つ。
これを解くと，x ＝（⑤）円と決まる。

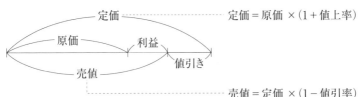

定価 = 原価 ×（1＋値上率）

売値 = 定価 ×（1−値引率）

売値 − 原価 ＝ 実際の利益

解答 E

[①1.5 ②1.5x ③0.8 ④1.2x ⑤2,000]

例題

1個あたり1,000円の商品を10個仕入れた。この商品に仕入値の8割の利益を見込んで定価をつけたところ，7個は定価で売れ，2個は2割引して売れたが，1個は痛んでしまったため，廃棄せざるを得なかった。

(1) 値引き後の売値はいくらか。

A	1,200円	B	1,360円	C	1,440円	D	2,820円
E	3,020円	F	3,200円	G	3,440円	H	4,220円
I	5,280円	J	A～Iのいずれでもない						

(2) 最終的な利益はいくらか。

A	1,000円	B	1,500円	C	2,000円	D	2,500円
E	3,000円	F	3,200円	G	3,400円	H	5,480円
I	6,240円	J	A～Iのいずれでもない						

順を追って計算しよう

(1) **仕入値から定価を求めて売値を計算する**

仕入値1,000円の8割の利益を見込んで定価をつけたので，
定価は，1,000 ×（①）=（②）円になる。
売値は定価の2割引なので，（②）×（③）=（④）円と決まる。

(2) **廃棄した分は損失として利益から引く**

定価は，仕入値1,000円の8割の利益を見込んでいたので，
定価で販売したとき1個あたりの利益は，（⑤）円になる。
定価で7個売れたので，その利益は，（⑤）× 7 =（⑥）円
売値で販売したときの1個あたりの利益は，（④）- 1,000 =（⑦）円で，
売値で2個売れたので利益は，（⑦）× 2 -（⑧）円
1個は廃棄しているので，損失が（⑨）円出たことになる。
これらを合計すると，（⑥）+（⑧）-（⑨）=（⑩）円と決まる。

[①1.8 ②1,800 ③0.8 ④1,440 ⑤800 ⑥5,600 ⑦440 ⑧880 ⑨1,000 ⑩5,480]

解答 (1) **C** (2) **H**

✍ 解いてみよう！

X，Y，Zの3人で読書会を開催し，それぞれ自分の好きな本を持ち寄って貸し借りする。レシートを見せ合ったところ，XはZより500円高い本，YはXより100円安い本を買っていた。あとから3人の負担が平等になるように精算するとき，誰が誰にいくら支払えばよいか。

A	ZがXに500円，ZがYに400円	B	ZがXに400円，ZがYに300円
C	ZがXに300円，ZがYに200円	D	ZがXに200円，ZがYに100円
E	ZがXに500円，YがXに100円	F	ZがXに400円，ZがYに200円
G	XがYに400円	H	XがYに300円
I	XがYに200円	J	A〜Iのいずれでもない

問題文の読み解き

金額の差だけのときは支払った金額を仮定したほうが早い

X，Y，Zの3人で読書会を開催し，それぞれ自分の好きな本を持ち寄って貸し借りする。レシートを見せ合ったところ，<u>XはZより500円高い本</u>，<u>YはXより100円</u>
　　　　　　　　　　　　　　↑Z＝X－500　　　　　↑Y＝X－100
<u>安い本</u>を買っていた。あとから3人の負担が平等になるように精算するとき，誰が誰にいくら支払えばよいか。

順を追って計算しよう

■ X，Y，Zの支払った金額の大小関係を把握する

「XはZより500円高い」と「YはXより100円安い」から，Xが支払った金額が最も高いことがわかる。

■ Xが1,000円を支払ったと仮定して計算する

支払った金額の差だけが条件となっているので，Xの支払った金額を1,000円と仮定すると，YとZが支払った金額は，Yが（ ① ）円，Zが（ ② ）円になる。1人あたりの負担額は，$(1,000 + (①) + (②)) ÷ 3 = (③)$円

■ それぞれの精算額を計算する

Xは$1,000 - (③) = (④)$円をもらえ，Yは$(①) - (③) = (⑤)$円をもらえ，Zは$(②) - (③) = -(⑥)$円なので，（ ⑥ ）円を支払う。したがって，ZがXに（ ④ ）円，Yに（ ⑤ ）円を支払うことで精算が完了する。

解答 D

[①900 ②500 ③800 ④200 ⑤100 ⑥300]

例題

P, Q, Rの3人の学生が, 先生へ記念品をプレゼントすることにした。Pが1,500円, Qが500円, Rが1,000円を支払い, あとから3人の負担が平等になるように精算することにした。

(1) この状態で精算すると, 誰が誰にいくら支払えばよいか。

A	QがPに1,000円	B	QがPに500円
C	QがPに250円	D	QがPに500円, QがRに300円
E	QがPに400円, QがRに200円	F	QがPに300円, QがRに100円
G	QがPに250円, QがRに150円	H	QがPに200円, RがQに100円
I	QがPに100円, RがQに200円	J	A〜Iのいずれでもない

(2) RがQに500円の借金があり, この借金の清算も同時に行うことにした。このとき, お金が無駄に循環しないようにするには, 誰が誰にいくら支払えばよいか。

A	RがPに500円	B	RがPに300円
C	RがPに100円	D	RがPに500円, RがQに300円
E	RがPに400円, RがQに200円	F	RがPに300円, RがQに100円
G	RがPに250円, RがQに150円	H	RがPに200円, QがPに100円
I	RがPに100円, QがPに200円	J	A〜Iのいずれでもない

順を追って計算しよう

(1) 1人あたりの負担額を計算する

支払った金額の合計は, 1,500 + 500 + 1,000 = (①)円なので,
1人あたりの負担額は, (①) ÷ 3 = (②)円になる。
Pは1,500 − (②) = (③)円をもらえ, Qは500 − (②) = −(④)円なので, (④)円を支払い, Rは1,000 − (②) = (⑤)円なので精算不要である。
したがって, QがPに(④)円を支払うことで精算が完了する。

(2) RからPに直接支払う金額を考える

QはPに(④)円を支払わなければならないが, RはQに500円の借金があるので, QはRから500円をもらってPに支払うことになり, 循環してしまう。これを避けるには, RからPに直接支払えばよい。
したがって, RがPに(④)円を支払うことで精算が完了する。

解答 (1) **B** (2) **A**

[① 3,000 ② 1,000 ③ 500 ④ 500 ⑤ 0]

解いてみよう！

自動車を購入するために頭金として全体の価格の20％を支払い，残金を7回の均等分割で支払うことにした。分割手数料は頭金支払い後の残金の5％がかかる。分割払いの1回分で支払う金額は，全体の価格の何％にあたるか。

A	10％	B	11％	C	12％	D	13％
E	14％	F	15％	G	16％	H	17％
I	18％	J	A〜Iのいずれでもない				

問題文の読み解き

全体の価格を1と置き，分割手数料を含めた残金を7等分する

自動車を購入するために頭金として<u>全体の価格の20％を支払い</u>，<u>残金を7回の均等</u>
↑残金は全体の80％
<u>分割で支払うことにした</u>。<u>分割手数料は頭金支払い後の残金の5％がかかる</u>。分割
↑「残金＋分割手数料」を7回に均等分割　　↑「全体の80％×0.05」が分割手数料
払いの1回分で支払う金額は，全体の価格の何％にあたるか。

順を追って計算しよう

1 全体の価格を1と置き，残金を計算する

全体の価格を1と置くと，頭金として全体の価格の20％を支払っているので，残金は，$1 - (①) = (②)$になる。

2 残金と分割手数料の合計を計算する

残金の5％が分割手数料になるので，残金と分割手数料の合計は，
$(②) + (②) \times (③) = (④)$になる。

3 分割払いの1回分で支払う金額を計算する

$(④)$を7回に均等分割すればよいので，$(④) \div 7 = (⑤)$になる。
これを百分率で表すと，$(⑥)$％になる。

解答 C

［ ①0.2 ②0.8 ③0.05 ④0.84 ⑤0.12 ⑥12 ］

📝 例題

新型のパソコンを予約した。予約時に総額の $\frac{2}{5}$ を支払い，受領時に総額の $\frac{1}{4}$ を支払うことにした。

(1) 受領時の支払いのあとの残額は，総額のどれほどか。

A　$\frac{1}{20}$　　　B　$\frac{3}{20}$　　　C　$\frac{7}{20}$　　　D　$\frac{9}{20}$

E　$\frac{11}{20}$　　F　$\frac{13}{20}$　　G　$\frac{17}{20}$　　H　$\frac{19}{20}$

I　$\frac{1}{2}$　　　　J　A～Iのいずれでもない

(2) 受領時の支払いのあとの残額を2回の均等分割で支払うことにした。均等分割の1回分の支払い額は，受領時に支払った金額のどれほどにあたるか。

A　$\frac{1}{10}$　　　B　$\frac{3}{10}$　　　C　$\frac{7}{10}$　　　D　$\frac{9}{10}$

E　同額　　　　F　$\frac{10}{9}$　　　G　$\frac{10}{7}$　　　H　$\frac{10}{3}$

I　10倍　　　　J　A～Iのいずれでもない

(3) 受領時の支払いのあとの残額を7回の均等分割で支払うことにした。均等分割を3回まで支払うと，支払った分は未払い分の何倍になるか。

A　2倍　　　　B　2.5倍　　　C　3倍　　　D　3.5倍

E　4倍　　　　F　4.5倍　　　G　5倍　　　H　5.5倍

I　6倍　　　　J　A～Iのいずれでもない

順を追って計算しよう

(1) **総額を1と置いて計算する**

総額を1と置くと，予約時に $\frac{2}{5}$，受領時に $\frac{1}{4}$ を支払っているので，
残額は，$1 - \frac{2}{5} - \frac{1}{4} = (\text{①})$ になる。

(2) **均等分割1回分が受領時に支払った金額の何倍かを計算する**

残額を2回に均等分割すると，$(\text{①}) \div 2 = (\text{②})$ になる。
これが $\frac{1}{4}$ の何倍かを計算すると，$(\text{②}) \div \frac{1}{4} = (\text{③})$ と決まる。

(3) **未払い分から支払った分を計算する**

残額を7回に均等分割すると，$(\text{①}) \div 7 = (\text{④})$ になる。
3回までの支払いが済むと，残りは4回なので，未払い分は，$(\text{④}) \times 4 = (\text{⑤})$ になる。したがって，$(\text{⑥}) \div (\text{⑤}) = (\text{⑦})$ 倍と決まる。

解答 (1) **C**　(2) **C**　(3) **E**

$\left[\text{①}\frac{7}{20} \ \text{②}\frac{7}{40} \ \text{③}\frac{7}{10} \ \text{④}\frac{1}{20} \ \text{⑤}\frac{1}{5} \ \text{⑥}\frac{4}{5} \ \text{⑦}4\right]$

解いてみよう！

プールに水を入れるのに，給水管Pを使うと5時間，給水管Qを使うと7時間で満水にできる。ある日，給水管Pと給水管Qを同時に使って給水を始めたが，2時間後に給水管Pが故障し，あとは給水管Qのみで満水にした。このとき，満水にするまでにどれだけの時間がかかったか。

A	2時間12分	B	2時間20分	C	2時間24分
D	2時間30分	E	4時間12分	F	4時間20分
G	4時間24分	H	4時間30分	I	6時間12分
J	A～Iのいずれでもない				

問題文の読み解き

残りの仕事量とQだけで給水した時間を計算する

プールに水を入れるのに，<u>給水管Pを使うと5時間，給水管Qを使うと7時間で満</u>
　　　　　　↑全体の仕事量は5と7の最小公倍数で35
<u>水にできる。</u>ある日，<u>給水管Pと給水管Qを同時に使って給水を始めたが</u>，2時間
　　　　　　　　↑Pの仕事量は35÷5＝7　　↑Qの仕事量は35÷7＝5
後に給水管Pが故障し，あとは給水管Qのみで満水にした。このとき，満水にするまでにどれだけの時間がかかったか。

順を追って計算しよう

■ PとQの1時間あたりの仕事量を計算する

5と7の最小公倍数は（ ① ）なので，これを全体の仕事量と決める。
Pの1時間あたりの仕事量は，（ ① ）÷ 5 ＝（ ② ）
Qの1時間あたりの仕事量は，（ ① ）÷ 7 ＝（ ③ ）

■ PとQで2時間給水したときの仕事量を計算する

PとQの1時間あたりの仕事量の合計は，（ ② ）＋（ ③ ）＝（ ④ ）
PとQで2時間給水すると，（ ④ ）× 2 ＝（ ⑤ ）

■ 残りをQで満水にするための時間を計算する

残りの仕事量は，（ ① ）－（ ⑤ ）＝（ ⑥ ）
これをQだけで満水にするので，（ ⑥ ）÷（ ③ ）＝（ ⑦ ）時間かかる。
したがって，2 ＋（ ⑦ ）＝（ ⑧ ）時間，これは（ ⑨ ）時間（ ⑩ ）分である。

解答 E

［ ①35 ②7 ③5 ④12 ⑤24 ⑥11 ⑦2.2 ⑧4.2 ⑨4 ⑩12 ］

📋 例 題

ある水槽は，給水管2本（PとQ）と，排水管1本（R）がついている。

(1) 排水管Rを閉じて給水管PとQで給水すると4分，排水管Rを開き（排水しながら），給水管PとQで給水すると5分で満水になる。今，給水管PとQを閉じ，排水管Rで満水状態から排水を始めると，水槽を空にするまでにどれだけの時間がかかるか。

A	1分	B	2分	C	3分	D	5分
E	8分	F	10分	G	12分	H	15分
I	20分	J	A～Iのいずれでもない				

(2) 排水管Rを開き（排水しながら），給水管PとQで給水すると5分，排水管Rを開き（排水しながら），給水管Pだけで給水すると10分で満水になる。今，排水管Rを閉じて給水管Qだけで給水を始めると，満水になるまでにどれだけの時間がかかるか。

A	6分	B	8分	C	9分	D	10分
E	12分	F	15分	G	20分	H	24分
I	27分	J	A～Iのいずれでもない				

順を追って計算しよう

(1) PとQをまとめてしまう

4と5の最小公倍数は（①）なので，これを全体の仕事量と決める。

PとQの1分あたりの仕事量の合計は，P＋Q＝（①）÷4＝（②）になる。また，Rを開いた状態だと5分かかるので，P＋Q－R＝（①）÷5＝（③）

P＋Qに（②）を代入すると，R＝（④）と決まる（PとQは不定）。

したがって，満水状態からRで排水すると，

（①）÷（④）＝（⑤）分で水槽を空にできる。

(2) PとRをまとめてしまう

5と10の最小公倍数は（⑥）なので，これを全体の仕事量と決める。

Rで排水しながらPとQで給水すると5分，Pだけで給水すると10分で満水になるので，P＋Q－R＝（⑥）÷5＝（⑦）　P－R＝（⑥）÷10＝（⑧）

P－Rに（⑧）を代入すると，Q＝（⑨）と決まる（PとRは不定）。

したがって，Rを閉じ，Qだけで給水を始めると，

（⑥）÷（⑨）＝（⑩）分で満水になる。

解答 (1) **I**　(2) **D**　　　［ ①20 ②5 ③4 ④1 ⑤20 ⑥10 ⑦2 ⑧1 ⑨1 ⑩10 ］

解いてみよう！

全長150mの寝台列車が時速90kmで全長3,400mのトンネルを完全に通過するまでに何秒かかるか。

A	112秒	B	124秒	C	135秒	D	142秒
E	158秒	F	160秒	G	182秒	H	198秒
I	226秒	J	A〜Iのいずれでもない				

問題文の読み解き

計算する前に単位を揃える

全長150mの寝台列車が時速90kmで全長3,400mのトンネルを完全に通過するまで
↑列車の長さの単位はm　↑速さの単位はkm/時　↑トンネルの長さの単位はm
に何秒かかるか。
↑求める時間の単位は秒

順を追って計算しよう

1 速さの単位をmと秒に揃える

時速90kmは時速(①)mなので，mのまま秒速に換算すると，

(①)÷(60×60)＝秒速(②)mになる。

2 列車が移動する距離を計算する

トンネルを通過するには，列車の先頭がトンネルに入ってから，その列車の最後尾が出口を通過しなければならない。

つまり，移動する距離は，トンネル3,400mと列車150mの合計になる。

3,400＋150＝(③)m移動して「通過した」といえる。

3 トンネルを通過するまでにかかる時間を計算する

「距離÷速さ＝時間」より，(③)÷(②)＝(④)秒と決まる。

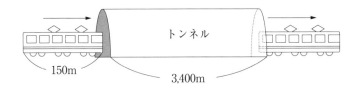

150m　　トンネル　　3,400m

解答 D

[①90,000 ②25 ③3,550 ④142]

例題

全長180mの列車が電柱を通り過ぎるのに9秒かかった（電柱の幅は考えない）。

(1) 電柱の先に鉄橋がある。この列車が，これまでの1.5倍の速さで鉄橋を通過したところ，1分かかった。この鉄橋の全長は何mか。

A	1,600m	B	1,620m	C	1,700m	D	1,740m
E	1,800m	F	1,820m	G	1,900m	H	1,940m
I	2,000m	J	A〜Iのいずれでもない				

(2) 鉄橋の先に全長2kmのトンネルがある。この列車が電柱を通り過ぎたときと同じ速さでトンネルを通過すると，この列車がトンネルの中に完全に隠れている時間は何秒か。

A	52秒	B	65秒	C	78秒	D	84秒
E	91秒	F	109秒	G	113秒	H	127秒
I	136秒	J	A〜Iのいずれでもない				

順を追って計算しよう

(1)「移動した距離－列車の長さ」で鉄橋の長さを計算する

全長180mの列車が電柱を通り過ぎるとき，列車が通過する距離は列車の全長と等しくなるので，この列車の速さは，「距離÷時間＝速さ」より，

180 ÷ 9 ＝秒速（①）m

この速さの1.5倍で鉄橋を通過したので，（①）× 1.5 ＝秒速（②）m

この鉄橋を通過するまでに1分＝（③）秒かかるので，移動した距離は，

「速さ×時間＝距離」より，（②）× 60 ＝（④）mになる。

しかし，「移動した距離」は「列車の長さ＋鉄橋の長さ」なので，

鉄橋の長さは，（④）－ 180 ＝（⑤）mと決まる。

(2)「トンネルの長さ－列車の長さ」が移動する距離になる

「列車がトンネルの中に完全に隠れている」とは，列車の最後尾がトンネルに入ってから，列車の先頭がトンネルから出る瞬間までのことである。

つまり，「移動する距離」は「トンネルの長さ－列車の長さ」になる。

2,000 － 180 ＝（⑥）m

列車の速さは秒速（①）mなので，「距離÷速さ＝時間」より，

（⑥）÷（①）＝（⑦）秒かかることがわかる。

解答 (1) **B** (2) **E**   [①20 ②30 ③60 ④1,800 ⑤1,620 ⑥1,820 ⑦91]

✍️ 解いてみよう！

1,000円札が4枚，100円玉が5枚，10円玉が6枚ある。これらの全部または一部を使って支払うことのできる金額は何通りあるか。

A	59通り	B	60通り	C	89通り	D	90通り
E	119通り	F	120通り	G	209通り	H	210通り
I	214通り	J	A～Iのいずれでもない					

問題文の読み解き

それぞれの場合の数を「積の法則」で掛け合わせる

1,000円札が4枚，100円玉が5枚，10円玉が6枚ある。これらの全部または一部を
↑0枚～4枚　　↑0枚～5枚　　↑0枚～6枚　　↑0円は考えない
使って支払うことのできる金額は何通りあるか。

順を追って計算しよう

1 紙幣と硬貨を組み合わせてできる場合の数を考える

1,000円札は0枚～4枚の（①）通り，100円玉は0枚～5枚の（②）通り，10円玉は0枚～6枚の（③）通りの金額を構成できる。

それぞれ10枚未満なので，桁上がりして金額が重複することはない。

したがって，金額の組合せは，「積の法則」より，

（①）×（②）×（③）＝（④）通りになる。

2 「0円」になる場合を除外する

すべてが「0枚」になる0円は除外されるので，

（④）－（⑤）＝（⑥）通りと決まる。

解答 G

[①5 ②6 ③7 ④210 ⑤1 ⑥209]

📄 例題

男子4人，女子2人の中学生が，横一列に並んで記念写真を撮影しようとしている。

(1) 並び方は何通りあるか。

A 500通り	B 520通り	C 610通り	D 640通り
E 720通り	F 750通り	G 830通り	H 860通り
I 930通り	J A～Iのいずれでもない		

(2) 両端に男子が入る並び方は何通りあるか。

A 228通り	B 288通り	C 326通り	D 348通り
E 426通り	F 432通り	G 540通り	H 562通り
I 648通り	J A～Iのいずれでもない		

(3) 少なくとも一方の端に女子が入る並び方は何通りあるか。

A 228通り	B 288通り	C 326通り	D 348通り
E 426通り	F 432通り	G 540通り	H 562通り
I 648通り	J A～Iのいずれでもない		

Step 1　Step 2　Step 3　Challenge 1　Challenge 2

順を追って計算しよう

(1) **6人の並び方を考える**

6人が6つの位置に入る並び方の場合の数は，「順列」なので，

$_6P_6 = 6 \times 5 \times 4 \times 3 \times 2 \times 1 = (①)$ 通りになる。

(2) **「両端に男子」の場合の数を考える**

両端に男子が入る並び方の場合の数は，男子4人から2人を選ぶ「順列」なので，

$_4P_2 = 4 \times 3 = (②)$ 通り

中央の4人は，残った4人の中から性別に関係なく4人を選ぶ「順列」なので，

$_4P_4 = 4 \times 3 \times 2 \times 1 = (③)$ 通り

両端の並び方1通りについて中央の並び方があるので（「積の法則」），

$(②) \times (③) = (④)$ 通りになる。

(3) **「少なくとも一方の端に女子」の余事象を考える**

「少なくとも一方の端に女子が入る」とは，「両端に男子が入らない」ということである。(1)の結果から，(2)の結果「両端に男子が入る」を引けばよい。したがって，$(①) - (④) = (⑤)$ 通りと決まる。

解答 (1) **E**　(2) **B**　(3) **F**

[①720 ②12 ③24 ④288 ⑤432]

解いてみよう！

ある地方の天気は「晴れ」か「雨」しかないものとする。過去の統計から，「晴れ」の翌日に「晴れ」になる確率は70%，「雨」の翌日に「雨」になる確率は80%であることがわかっている。このとき，今日が「晴れ」だったとすると，明後日が「雨」になる確率はどれほどか。

A 0.2	B 0.24	C 0.3	D 0.36
E 0.4	F 0.45	G 0.48	H 0.5
I 0.54	J A～Iのいずれでもない		

問題文の読み解き

明日の天気により場合分けを行って確率を計算する

ある地方の天気は「晴れ」か「雨」しかないものとする。過去の統計から，「晴れ」
↑「晴れ」でなければ「雨」，「雨」でなければ「晴れ」
の翌日に「晴れ」になる確率は70%，「雨」の翌日に「雨」になる確率は80%であ
↑「晴れ→晴れ」が0.7，「晴れ→雨」は0.3　↑「雨→雨」が0.8
ることがわかっている。このとき，今日が「晴れ」だったとすると，明後日が「雨」

になる確率はどれほどか。
↑明日の天気も影響する

順を追って計算しよう

1 明日の天気に応じて場合分けを行う

明後日が「雨」になる場合の数は，今日「晴れ」→明日「晴れ」→明後日「雨」と，今日「晴れ」→明日「雨」→明後日「雨」の2通りしかない。

2 今日「晴れ」→明日「晴れ」→明後日「雨」の確率を計算する

「晴れ→晴れ」になる確率は70%，「晴れ→雨」になる確率は（①）%なので，「積の法則」より，（②）×（③）＝（④）になる。

3 今日「晴れ」→明日「雨」→明後日「雨」の確率を計算する

「晴れ→雨」になる確率は（①）%，「雨→雨」になる確率は80%なので，「積の法則」より，（③）×（⑤）＝（⑥）になる。

4 今日「晴れ」→明後日「雨」の確率を計算する

今日「晴れ」→明日「晴れ」→明後日「雨」と，今日「晴れ」→明日「雨」→明後日「雨」は同時に起こらないので，「和の法則」より，（④）＋（⑥）＝（⑦）と決まる。

解答 F　　　　　　　　　　［ ①30 ②0.7 ③0.3 ④0.21 ⑤0.8 ⑥0.24 ⑦0.45 ］

白玉が8個，赤玉が2個入った箱がある。3個の玉を1個ずつ取り出すとき，1個目に白玉，2個目に赤玉，3個目に再び白玉が出る確率について考える。

(1) 取り出した玉を箱に戻す場合の確率はどれほどか。

A $\dfrac{4}{125}$ B $\dfrac{8}{125}$ C $\dfrac{16}{125}$ D $\dfrac{32}{125}$

E $\dfrac{64}{125}$ F $\dfrac{7}{45}$ G $\dfrac{7}{30}$ H $\dfrac{7}{15}$

I $\dfrac{1}{2}$ J A～Iのいずれでもない

(2) 取り出した玉を箱に戻さない場合の確率はどれほどか。

A $\dfrac{4}{125}$ B $\dfrac{8}{125}$ C $\dfrac{16}{125}$ D $\dfrac{32}{125}$

E $\dfrac{64}{125}$ F $\dfrac{7}{45}$ G $\dfrac{7}{30}$ H $\dfrac{7}{15}$

I $\dfrac{1}{2}$ J A～Iのいずれでもない

順を追って計算しよう

(1) 箱に戻すと分母は変わらない

「取り出した玉を箱に戻す」ので，毎回最初の状態に戻ることになる。

白玉と赤玉の合計は，$8 + 2 = (①)$個あり，

1個目に白玉が出る確率は（ ② ），

2個目に赤玉が出る確率は（ ③ ），

3個目に白玉が出る確率は（ ④ ）になる。

「積の法則」より，（ ② ）×（ ③ ）×（ ④ ）=（ ⑤ ）と決まる。

(2) 箱に戻さないと分母が変わる

「取り出した玉を箱に戻さない」ので，毎回1個ずつ玉が減っていくことになる。

1個目に白玉が出る確率は（ ② ）であるが，

2個目に赤玉が出る確率は（ ⑥ ），

3個目に白玉が出る確率は（ ⑦ ）になる。

「積の法則」より，（ ② ）×（ ⑥ ）×（ ⑦ ）=（ ⑧ ）と決まる。

解答 (1) **C** (2) **F** $\left[①10 \ ②\dfrac{8}{10} \ ③\dfrac{2}{10} \ ④\dfrac{8}{10} \ ⑤\dfrac{16}{125} \ ⑥\dfrac{2}{9} \ ⑦\dfrac{7}{8} \ ⑧\dfrac{7}{45} \right]$

✎ 解いてみよう！

ある大学の250人の学生を対象に，音楽と語学力に関するアンケートを実施した。質問は「洋楽をよく聴くか」と「語学力に自信があるか」の2つで，これに対して「はい」か「いいえ」の二択で回答することを求めた。結果は，「洋楽をよく聴くか」に「はい」と答えた人は187人いたが，「語学力に自信があるか」に「はい」と答えた人は65人しかいなかった。また，「洋楽をよく聴くか」にも「語学力に自信があるか」にも「いいえ」と答えた人は7人しかいなかった。このとき，「洋楽をよく聴くか」にも「語学力に自信があるか」にも「はい」と答えた人は何人いたか。なお，10人の回答は白紙で「無効」となった。

A 18人	B 19人	C 20人	D 21人
E 22人	F 23人	G 24人	H 25人
I 26人	J A〜Iのいずれでもない		

問題文の読み解き

ベン図を描いて要素の個数を計算する

学生へのアンケート結果をベン図で表す。

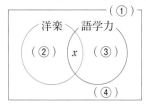 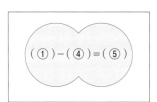

順を追って計算しよう

１ ベン図を描いて要素の個数を書き入れる

「無効」の回答があるので，回答総数は（①）人になる。

また，回答総数から，「洋楽をよく聴くか」にも「語学力に自信があるか」にも「いいえ」と答えた人を引くと，いずれかに「はい」と答えた人の人数がわかる。

（①）−（④）=（⑤）

２ 円の重なった部分を x 人と置いて方程式を立てる

（②）+（③）− x =（⑤）

これを解くと，x =（⑥）人と決まる。

解答 B

[①240 ②187 ③65 ④7 ⑤233 ⑥19]

📄 例題

ある地区の150軒の家で，P，Q，Rの3種類の新聞を取っているかどうかの調査を行ったところ，P新聞を取っている家が64軒，Q新聞を取っている家が73軒，R新聞を取っている家が51軒，3紙すべてを取っている家が17軒あった。また，3紙とも取っていない家は9軒あった。

(1) P，Q，Rのうち，いずれか2紙のみを取っている家は何軒あるか。

A	10軒	B	11軒	C	12軒	D	13軒
E	14軒	F	15軒	G	16軒	H	17軒
I	18軒	J	A～Iのいずれでもない				

(2) P，Q，Rのうち，いずれか1紙のみを取っている家は何軒あるか。

A	110軒	B	111軒	C	112軒	D	113軒
E	114軒	F	115軒	G	116軒	H	117軒
I	118軒	J	A～Iのいずれでもない				

🔻

順を追って計算しよう

(1) **2紙のみ取っている家をx軒と置いて方程式を立てる**

150軒のうち，3紙とも取っていない家は9軒なので，

少なくとも1紙を取っている家は，150 − 9 = (①)軒と決まる。

2紙のみ取っている家をx軒と置き，少なくとも1紙を取っている家を式で表す。

(P紙を取っている) + (Q紙を取っている) + (R紙を取っている) では，2紙のみを取っている家を二重に，3紙を取っている家を三重に数えているので，その分を引かなければならない。

$64 + 73 + 51 − x × (②) − 17 × (③) = (①)$ と表すことができる。

これを解くと，$x = (④)$軒

(2) **1紙のみ取っている家を求める**

150軒のうち，少なくとも1紙を取っている家は(①)軒，3紙を取っている家は17軒，(1)の結果より2紙のみ取っている家は(④)軒なので，1紙のみ取っている家は，(①) − 17 − (④) = (⑤)軒

解答 (1) **D** (2) **B**

[①141 ②1 ③2 ④13 ⑤111]

✍解いてみよう！

次の表は，年間水揚げ量の多い上位5港の水揚げ量を，O港の水揚げ量を100
とした指数で表したものである。なお，上位5港の水揚げ量の合計は90万トン
である。このとき，S港の指数はいくつか。

	水揚げ量（万トン）	指数
O港	25	100
P港		80
Q港		64
R港	15	60
S港		

A 56 B 54 C 51 D 48
E 45 F 41 G 37 H 35
I 32 J A～Iのいずれでもない

問題文の読み解き

O港の水揚げ量を100としたときの指数の計算方法を覚えておく

	水揚げ量（万トン）	指数
O港	25	100
P港		80
Q港		64

O港の水揚げ量が指数
100なので基本となる

O港との比較でP港とQ
港の水揚げ量を計算する

順を追って計算しよう

1 P港とQ港の水揚げ量を計算する

P港の指数は80なので，O港の（①）倍の水揚げ量になる。
つまり，25×（①）=（②）万トン
同様に，Q港も，25×（③）=（④）万トンとわかる。

2 S港の水揚げ量と指数を計算する

水揚げ量の合計は90万トンなので，S港の水揚げ量は，
90−(25＋（②）＋（④）＋ 15)=（⑤）万トンと決まる。
したがって，S港の指数は，（⑤）÷25=（⑥），つまり（⑦）になる。

解答 A

［ ①0.8 ②20 ③0.64 ④16 ⑤14 ⑥0.56 ⑦56 ］

例 題

ある高校で通学時間と通学手段について調べたところ，次の表のような結果になった。なお，複数の通学手段がある生徒には，最も利用時間の長いものを1つ回答してもらった。今，通学時間「16〜30分」の合計が「31〜45分」の合計の3倍であることがわかっている。

(単位：人)

	徒歩	自転車	電車	合計
1〜15分	27	36	0	63
16〜30分	45	27		
31〜45分	0	9		
46〜60分	0	0	27	27
61分以上	0	0	18	18
合計	72	72		288

(1) 通学時間「16〜30分」の合計の人数は何人か。

A　92人　　　B　96人　　　C　100人　　　D　105人
E　108人　　F　120人　　G　135人　　H　144人
I　180人　　　J　A〜Iのいずれでもない

(2) 通学時間「31〜45分」の「電車」の人数は何人か。

A　36人　　　B　38人　　　C　40人　　　D　42人
E　45人　　　F　48人　　　G　50人　　　H　51人
I　54人　　　J　A〜Iのいずれでもない

順を追って計算しよう

(1)「16〜30分」と「31〜45分」を比で計算する

通学時間が「16〜30分」の合計と「31〜45分」の合計の和を求めると，
$288 - (63 + 27 + 18) = （①）$人とわかる。
通学時間「16〜30分」の合計が「31〜45分」の合計の3倍なので，
「16〜30分」：「31〜45分」＝3：1となり，比例配分すると，
「16〜30分」の合計は，（①）×（②）＝（③）人と決まる。

(2)「31〜45分」の合計を計算して「電車」の人数を求める

「16〜30分」の合計が（③）人なので，「31〜45分」は（④）人と決まる。「31〜45分」の項目を見ると，「電車」の人数は（④）－（0 + 9）＝（⑤）人。

解答 (1) **G**　(2) **A**　　　　　　[①180 ②$\frac{3}{4}$ ③135 ④45 ⑤36]

151

✍️ 解いてみよう！

1〜5の数字が1つずつ書かれたカードが1枚ずつ，合計5枚ある。今，PとQの2人がこの中から2枚ずつ選び，それぞれが2桁の自然数を作る。このとき，確実にいえるものはどれか。

ア Pが2と4のカードを選んで2桁の自然数を作るとき，Qが作ることのできる2桁の自然数は奇数である。

イ Pが3と5のカードを選んで2桁の自然数を作るとき，Qが作ることのできる2桁の自然数は偶数である。

A	アもイも確実	B	アは確実だがイはどちらともいえない
C	アは確実だがイは間違い	D	アはどちらともいえないがイは確実
E	アもイもどちらともいえない	F	アはどちらともいえないがイは間違い
G	アは間違いだがイは確実	H	アは間違いだがイはどちらともいえない
I	アもイも間違っている	J	A〜Iのいずれでもない

問題文の読み解き

可能性を逐一検証する

ア P̲が̲2̲と̲4̲の̲カ̲ー̲ド̲を̲選̲ん̲で̲2̲桁̲の̲自̲然̲数̲を̲作̲る̲とき，Qが作ることのできる2
　　↑Qは1，3，5から2枚を選ぶ（一の位が奇数）
　　桁の自然数は奇数である。

イ P̲が̲3̲と̲5̲の̲カ̲ー̲ド̲を̲選̲ん̲で̲2̲桁̲の̲自̲然̲数̲を̲作̲る̲とき，Qが作ることのできる2
　　↑Qは1，2，4から2枚を選ぶ（一の位が偶数とは限らない）
　　桁の自然数は偶数である。

順を追って考えよう

1 アを分析する

Pは2と4を選ぶので，残りは奇数のみ。したがって，Qは奇数の自然数しか作れない。

2 イを分析する

Pは3と5を選ぶので，Qが選べるのは1，2，4のいずれか2枚となる。一の位に1を選べば奇数となり，2か4を選べば偶数となる。つまり，奇数か偶数かはどちらともいえない。

解答 B

例題

W，X，Y，Zの4人は1年生から4年生のいずれかで，同じ学年の生徒はいない。
XはWとYより下の学年で，WはZよりも上の学年である。

(1) 4人の学年について，次のア～ウのうち確実にいえるものはどれか。

　ア　Zが2年生であれば，Wは4年生である
　イ　Xが2年生であれば，Yは3年生である
　ウ　Yが2年生であれば，Zは3年生である

A　アのみ	B　イのみ	C　ウのみ
D　アとイ	E　アとウ	F　イとウ
G　アとイとウ	H　ア，イ，ウのいずれも正しくない	

(2) 次のカ～クのうち，どれか1つを加えれば4人の学年が確定する。その条件を挙げているものはどれか。

　カ　Wは3年生である　　キ　Xは4年生である　　ク　Yは2年生である

A　カのみ	B　キのみ	C　クのみ	D　カとキ
E　カとク	F　キとク	G　カとキとク	
H　カ，キ，クのいずれも不適切			

順を追って考えよう

4年生から1年生までの枠を作り，すべての可能性を表に書き込んでいく。

Wが2回登場するので，Wを中心に考えるとよい。WとZの関係を書き入れると6通りになるが，XとYを書き入れると5通りになる。

4年生	3年生	2年生	1年生	
W	Z	Y	X	…… (A)
W	Y	Z	X	…… (B)
W	Y	X	Z	…… (C)
Y	W	Z	X	…… (D)
Y	W	X	Z	…… (E)
		W	Z	…… 不可

アはZが2年生であれば，Wは3年生(D)か4年生(B)。

イはXが2年生であれば，Yは3年生(C)か4年生(E)。

ウはYが2年生であれば，Zは3年生(A)と確定する。

カは(D)と(E)の可能性があり，キは成り立たないが，クは(A)で確定する。

解答　(1) C　(2) C

✎ 解いてみよう！

縮尺1／50,000の地図がある。この地図上で，縦2cm，横3cmの長方形は，実際にはどれくらいの面積があるか。

A	0.03km²	B	0.15km²	C	0.3km²	D	1.5km²
E	3km²	F	15km²	G	30km²	H	150km²
I	300km²	J	A〜Iのいずれでもない				

問題文の読み解き

100cm＝1m，1,000m＝1kmの単位変換に注意する

縮尺1／50,000の地図がある。この地図上で，縦2cm，横3cmの長方形は，実際に
↑長さのこと（面積ではない）　　　　　　　↑2cm × 50,000 ＝ 100,000cm ＝ 1km
　　　　　　　　　　　　　　　　　　　　↑3cm × 50,000 ＝ 150,000cm ＝ 1.5km

はどれくらいの面積があるか。

順を追って計算しよう

1 地図上の2cmが実際の何kmに相当するかを考える

「縮尺1／50,000」より，地図上の「2cm」は，

2 × 50,000 ＝（ ① ）cmで，実際の（ ② ）kmに相当する。

2 実際の面積を計算する

同様に，地図上の「3cm」は実際の（ ③ ）kmに相当するので，

（ ② ）×（ ③ ）＝（ ④ ）km²と決まる。

解答 D　　　　　　　　　　　　　［ ①100,000 ②1 ③1.5 ④1.5 ］

例 題

縮尺1／25,000の地図がある。

(1) この地図上で，一辺の長さ2cmの正方形は，実際には何km²あるか。

A 0.0025km²	B 0.005km²	C 0.025km²	D 0.05km²
E 0.25km²	F 0.5km²	G 2.5km²	H 5km²
I 25km²	J A〜Iのいずれでもない		

(2) 実際の面積が1km²の正方形の土地は，この地図上では一辺何cmの正方形になるか。

A 0.01cm	B 0.04cm	C 0.1cm	D 0.4cm
E 1cm	F 4cm	G 10cm	H 40cm
I 100cm	J A〜Iのいずれでもない		

順を追って計算しよう

(1) **実際の長さは25,000を掛けて計算する**

「縮尺1／25,000」より，地図上の「2cm」は，

2cm × 25,000 =（①）cm =（②）km に相当する。

したがって，実際の面積は，

（②）×（②）=（③）km² と決まる。

(2) **正方形の面積は（一辺）×（一辺）で求められる**

実際の面積が1km²の正方形の一辺は，（④）km，つまり（⑤）cm

（⑤）cm を，「縮尺1／25,000」で表すと，

$（⑤）× \dfrac{1}{25,000} =（⑥）$cm となる。

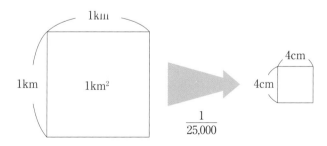

解答 (1) **E**　(2) **F**

［ ①50,000 ②0.5 ③0.25 ④1 ⑤100,000 ⑥4 ］

155

解いてみよう！

太字で示した語句と同じ意味を表しているものはどれか。A～Eの選択肢の中から1つ選びなさい。

鼓舞

A　舞踏	B　激励	C　忌憚
D　所作	E　消沈	

覚えておきたい同意語

横柄―尊大	堅持―墨守	邂逅―遭遇	手本―模範
確執―反目	普遍―一般	簡単―容易	関与―介入
基礎―根底	機転―機知	待望―念願	工面―算段
啓蒙―啓発	不足―欠乏	回顧―追憶	傑作―名作

順に選択肢を見ていこう

1 太字の語句の意味を確認する

「鼓舞（こぶ）」は「励まして気持ちを奮い立たせること」である。与えられた語句の意味がわからなくても，たとえば，「苦しいときにキャプテンがチームを鼓舞する」などの文例を考えると，「鼓舞」という語句が「元気付ける」や「励ます」などの意味を持つと想像できる。

2 明らかに異なる選択肢を除外する

「励ます」という意味を想像しながら選択肢を見ると，Aの「舞踏」，Dの「所作（しょさ）」，Eの「消沈」が，「鼓舞」とは明らかに意味が異なる選択肢であることがわかる。それぞれ「舞踏」は「踊りを踊ること」，「所作」は「振る舞い」，「消沈」は「消え失せること」を意味する。

3 残った選択肢について考える

「鼓舞」の意味が想像できれば，最も近い意味を持つ選択肢は，Bの「激励」であることがわかる。ちなみに，Cの「忌憚（きたん）」は「嫌い嫌がること」「遠慮」の意味であり，「忌憚のない意見」などのように使う。

解答 B ［激励］

例題

太字で示した語句と同じ意味を表しているものはどれか。A〜Eの選択肢の中から1つ選びなさい。

(1)　**廉価**

A	価値	B	高価	C	零細
D	有益	E	安価		

(2)　**利発**

A	聡明	B	出発	C	利己
D	奮発	E	鈍感		

順に選択肢を見ていこう

(1)　選択肢から意味を想像する

「廉価(れんか)」の意味が「値段が安いこと」であることがわかれば、Eの「安価」が同意語であることがすぐにわかる。また、選択肢から「価値」や「価格」に関する語句であると推測することもできる。

Aの「価値」は「どれだけ役に立つかの度合い」、Cの「零細」は「きわめて小さいさま」、Dの「有益」は「利益があること」であり、「廉価」とは意味が異なる。また、Bの「高価」は「値段が高いこと」であり、「廉価」の反意語になる。

(2)　同じ漢字を含む選択肢に惑わされない

「利発(りはつ)」は「頭の回転が速いこと」である。「利発そうな子」などの文例を考えると、意味を想像しやすい。

同じ「発」を含むBの「出発」とDの「奮発」は、「出発」が「目的地に向かって出かけること」、「奮発」が「気力を奮い起こすこと」であり、いずれも「利発」とは意味が異なる。

また、Eの「鈍感」は「感じ方が鈍いこと」で「利発」とは反対の意味を持ち、Cの「利己(りこ)」は「自分の利益だけを考え、他人を顧みないこと」である。したがって、Aの「聡明」が「利発」に最も近い意味を持つ。

解答　(1)　**E**［安価］　(2)　**A**［聡明］

解いてみよう！

太字で示した語句と反対の意味を表しているものはどれか。A〜Eの選択肢の中から1つ選びなさい。

軟弱

A	重視	B	強固	C	強引
D	堅実	E	賢人		

覚えておきたい反意語

体言↔用言	蔑称↔敬称	文明↔未開	譜代↔外様
凡策↔奇策	脆弱↔強靭	衰退↔発展	安全↔危険
威圧↔懐柔	危惧↔安堵	寛容↔厳格	巧妙↔拙劣
併合↔分割	放任↔統制	絶賛↔酷評	採光↔遮光

順に選択肢を見ていこう

■ 太字の語句の反対の意味を考える

語句の意味がわからなくても，使われている漢字から，反対の意味を持つ語句を想像できる。「軟弱」の「軟」は「軟らかい」，「弱」は「弱い」という意味であり，「軟」→「固」，「弱」→「強」から，Bの「強固」が反意語と考えられる。

■ そのほかの選択肢について考える

Aの「重視」は「重要なものとして注目すること」，Cの「強引」は「抵抗や反対を押しきって無理に行うこと」，Dの「堅実」は「確かで危な気のないこと」，Eの「賢人」は「賢い人のこと」であり，いずれも「軟弱」の反意語ではない。「軟弱」という語句のイメージから，「強引」や「堅実」を選ばないように注意する。

解答 B ［強固］

例題

太字で示した語句と反対の意味を表しているものはどれか。A～Eの選択肢の中から1つ選びなさい。

(1) **険悪**

| A　善行 | B　柔和 | C　地味 |
| D　高尚 | E　陽気 | |

(2) **明朗**

| A　隠喩 | B　仮性 | C　陰鬱 |
| D　華美 | E　平等 | |

順に選択肢を見ていこう

(1) 近い意味を持つ語句に惑わされない

「険悪」は「表情などがとげとげしくなること」である。この反対の意味は「表情が穏やかであること」と想像できる。このような意味を持つ語句として適切なものはBの「柔和（にゅうわ）」。

まず、Cの「地味」は「目立たないこと」や「控えめなこと」であり、「険悪」とは関係がない。また、「険悪」の「悪」は「善悪」の「悪」とは異なるので、Aの「善行」も除外される。Dの「高尚」は「言動や行動などの程度が高くて上品なこと」、Eの「陽気」は「雰囲気などが晴々していること」で、上品なことや晴々していることは「険悪」の反対の意味ではない。

(2) 漢字から反対の意味を考える

「明朗」は漢字のとおり「明るく朗らかなこと」である。使われている漢字から反対の意味を考えると、「暗くて陰気であること」となる。これに近い選択肢はCの「陰鬱（いんうつ）」で「陰気でうっとうしい様子」。

そのほかの選択肢を見てみると、Aの「隠喩」は「特徴をほかのもので表す表現」、Bの「仮性」は「症状が真性のものに類似していること」、Dの「華美（かび）」は「華やかで美しいこと」、Eの「平等」は「差別がなく等しいこと」で、いずれも「明朗」の反意語としては不適切である。

解答 (1) **B**［柔和］　(2) **C**［陰鬱］

✎ 解いてみよう！

太字で示した2語と同じ関係になる対を表しているのはア〜ウのどれか。A〜Hの選択肢の中から1つ選びなさい。

鉛筆：筆記
- ア　ピアノ：演奏
- イ　音楽：ジャズ
- ウ　カメラ：撮影

A　アだけ	B　イだけ	C　ウだけ
D　アとイ	E　アとウ	F　イとウ
G　すべて正しい	H　すべて間違っている	

問題文の読み解き

道具の本来の利用目的を考える

道具とその用途の組み合わせという用途関係にある2語を選ぶ問題。
太字で示した2語は、「一方が他方のために使われる」または「一方の利用目的は他方である」という関係にある。本来の目的以外の利用方法に惑わされないようにしよう。

順に選択肢を見ていこう

1「鉛筆」は「筆記」のために使われる
　「鉛筆」は「筆記」、つまり書き取りを行うために使われ、この2語は用途関係にあることがわかる。

2 アの関係を把握する
　「ピアノ」は「演奏」を行うために使われる。つまり、この2語は用途関係にある。

3 イの関係を把握する
　「ジャズ」は「音楽」の一種であり、「音楽」が「ジャズ」を含む関係にある。つまり、この2語は包含関係にある。

4 ウの関係を把握する
　「カメラ」は「撮影」を行うために使われる。つまり、この2語は用途関係にある。

解答 E［アとウ］

📝 例題

太字で示した2語と同じ関係になる対を表しているのはア〜ウのどれか。A〜Hの選択肢の中から1つ選びなさい。

(1) **レストラン：食事**
 ア 病院：診療
 イ 電線：送電
 ウ 冷凍庫：貯蔵

 A アだけ   B イだけ   C ウだけ
 D アとイ   E アとウ   F イとウ
 G すべて正しい H すべて間違っている

(2) **マッチ：点火**
 ア のこぎり：切断
 イ ダイヤモンド：鉱物
 ウ うどん：小麦粉

 A アだけ   B イだけ   C ウだけ
 D アとイ   E アとウ   F イとウ
 G すべて正しい H すべて間違っている

順に選択肢を見ていこう

(1) 施設の主な用途を考える

「レストラン」は主に「食事」を行うための施設であり，この2語は用途関係にあることを読み解く。アの「病院」は検査などで使われることもあるが，主な用途は「診療」である。イの「電線」は「送電」を行うために使われる。ウの「冷凍庫」の用途は「冷却」もしくは「冷凍」であり，「貯蔵」が主な用途ではない。冷却や冷凍を行った結果として貯蔵が可能になる。

(2) そのほかの関係を素早く見抜く

「マッチ」は「点火」を行うために使われ，この2語は用途関係にあることを読み解く。アの「のこぎり」は木材や金属などを「切断」するために使われる。イの「ダイヤモンド」は「鉱物」の一種であり，この2語は包含関係にある。ウの「うどん」は「小麦粉」を練ったものを細長く切ってゆでた食べ物であり，この2語は原料関係にある。

解答 (1) **D** ［アとイ］ (2) **A** ［アだけ］

161

例 題

次の文章を読んで，問いに答えなさい。

　今夜こそ，かねて計画していたとおり，僕はこの恐ろしい精神病院を（　ア　）
と決心した。――

　そもそも僕は，どうしてこの島の精神病院などに入れられるようなことにな
ったのか，その訳を知らなかった。第一僕は，こんな島なんかに来たくなかった
のだ。母親のお鳥に連れられ，内地をおさらばしてこの北国の黄風島（こ
うふうとう）に移住してきたのだが，なぜ母親があの気持のいい内地を去るよう
な気持になったのか腑（ふ）に落ちない。まさか母親お鳥は，僕をこの精神病
院に入れるために，わざわざ内地を捨てて黄風島に来たわけでもあるまいと思
うが……。

　とにかくこれは夢ではないのだ。僕はいまたしかに精神病院の一室に監禁せ
られているのだ。入口の扉はこっちからはどうしても開かなかったし，また窓
という窓には厳重な鉄格子が_（　イ　）嵌っていた_。そしてこの不潔な小室には，
少年が二人まで同室しているのだった。

　母親お鳥が今まで一度も僕をこんなところに入れると云ったことがない。母
親と二人でこの島へ着いたときは，かねて内地で親しくしていた森虎造という
おじさんが迎えに出てくれた。森おじさんは僕たちに向い，さぞお前たちは土
地不案内で困るだろうし，また島にいま適当な家も空いていないことだから，
とりあえず自分の邸にくるがいい。室を二つ三つ明けてあげるから当分それへ
入っていて，ゆるゆる空家を探すのがいいだろうと親切に云ってくれた。それ
で僕たちは，島の斜面に建っている豪勢な洋館へ案内され，そこで三室ほど貸
しあたえられた。なんでも森おじさんは，内地にいた頃とは違って，たいへん
成功し，この島の中では飛ぶ鳥落とす勢力があり，何でもおじさんの思うとお
りになるそうだ。

（海野十三『鍵から抜け出した女』）

(1) 文章中の（　ア　）に入る語句として適切なものを選びなさい。
　　A　脱走しよう　　　　　B　辞めよう　　　　　C　通院しよう
　　D　破壊しよう　　　　　E　撮影しよう　　　　　F　紹介しよう

(2) 文章中の（ イ ）の読み方として適切なものを選びなさい。

    A　ささって　　　　　　B　かかって　　　　　　C　さらって

    D　つかって　　　　　　E　はまって　　　　　　F　かさなって

(3) 下線部の「飛ぶ鳥落とす」とはどういう意味か。適切なものを選びなさい。

    A　勢いが盛んな様子

    B　衰えていく様子

    C　失脚していく様子

    D　人気が出ている様子

    E　信頼を失う様子

順に選択肢を見ていこう

(1)「精神病院」に対する表現に注目する

（ ア ）は問題文の冒頭にあるため，それ以降の文章を読んで判断していく。そうすると，本文3行目に「精神病院などに入れられる」，10行目に「一室に監禁せられている」などの表現があることから，本人の意思とは関係なく病院にいると想像できるので，Aの「脱走しよう」が適切と判断できる。

(2) 主語の状態を考える

漢字の読みがわからなくても，主語の状態を考えれば解けることがある。この場合は，窓に厳重な「鉄格子」がどのような状態になっているのかを考えて選択肢を見ると，Eの「はまって」が意味として適切である。

(3) 慣用句やことわざの意味を理解しておく

「飛ぶ鳥落とす」とは「権力や威勢が盛んな様子」である。前後の文脈から，おじさんが「たいへん成功」し，「何でも思うとおりになる」というところに注目すると，AかDに絞られる。Dの「人気が出ている様子」は「飛ぶ鳥落とす」の本来の意味ではないので，Aの「勢いが盛んな様子」が適切である。

解答（1）**A**［脱走しよう］　（2）**E**［はまって］　（3）**A**［勢いが盛んな様子］

一般常識　**01 国語**

📖 覚えておこう

■ 採用試験で出題されやすい四字熟語

五里霧中	四面楚歌	雲散霧消	以心伝心
一日千秋	一蓮托生	一網打尽	一期一会
有為転変	温故知新	我田引水	画竜点睛
勧善懲悪	金科玉条	馬耳東風	手練手管
針小棒大	危機一髪	七転八倒	諸行無常

１ 次の四字熟語の欠字部分に入る漢字を書きなさい。

①付和□同	②□戦錬磨
③意味□長	④公□正大
⑤威風□々	⑥□出鬼没

①雷	②百
③深	④明
⑤堂	⑥神

２ 次の文章にふさわしい四字熟語をA〜Cの選択肢から選びなさい。

①過去の行いによって報いや結果の善悪が決まる。
［ A 温故知新　B 泰然自若　C 因果応報 ］

②その場に合った機転を利かせること。
［ A 当意即妙　B 明鏡止水　C 朝令暮改 ］

③目的を果たすために長い間，苦労に耐えること。
［ A 意気阻喪　B 粉骨砕身　C 臥薪嘗胆 ］

④何のわだかまりもない素直な心で物事に臨むこと。
［ A 無味乾燥　B 虚心坦懐　C 融通無碍 ］

①C
②A
③C
④B

164

一般常識　02 数学

📖 覚えておこう

■**一次関数のグラフ**

$y = ax + b$

・グラフは直線
・グラフの傾きはa
　（$a>0$で右上がり，$a<0$で右下がり）
・bは切片（y軸との交点）

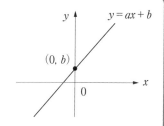

■**二次関数のグラフ**

$y = a(x - b)^2 + c$

・グラフは放物線
　（$a>0$のとき下に凸，$a<0$のとき上に凸）
・(b, c)が頂点

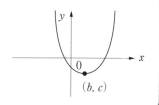

1　次のようなグラフとなる関数を求めなさい。

①傾き4，切片2

②2点$(2, 3)(6, 5)$を通る

③$y = x^2$を平行移動した頂点$(2, 5)$の放物線

①$y = 4x + 2$

②$y = \dfrac{1}{2}x + 2$
Hint 連立方程式で解く
③$y = x^2 - 4x + 9$

**2　二次関数$y = 2x^2 - 8x + 5$について，次の問いに
答えなさい。**

①頂点の座標を求めなさい。

②x軸方向に-3，y軸方向に2だけ平行移動した関
数を求めなさい。

③②の関数において$-2 \leqq x \leqq 3$とするとき，最大値
と最小値を求めなさい。

①$(2, -3)$

②$y = 2x^2 + 4x + 1$
Hint 頂点$(-1, -1)$

③最大値31
　最小値-1
Hint 最小値は頂点

165

■社会分野の要点チェック
●労働関係：労働基本権，労働三権（団結権，団体交渉権，団体行動権），労働三法（労働基準法，労働組合法，労働関係調整法），成果主義，能力給，ワークシェアリング，クオリティ・オブ・ライフ（QOL）
●社会保障：社会保障制度，社会保険（医療保険，雇用保険，年金保険，労働者災害補償保険），社会福祉，公的扶助，公衆衛生

1 次の問いに答えなさい。

①1986年4月に施行され，職場での男女平等を確保し，女性が仕事と家庭を両立できるようにした法律は何か。

①男女雇用機会均等法

②ハローワークが調査している，求職者数に対する求人数の倍率のことを何というか。

②有効求人倍率

③2006年の高齢者雇用安定法の改正に伴い，何歳までの雇用確保を義務付けられたか。

③65歳

④育児・介護休業法で育児休業として認められている期間はどれくらいか。

④1年（一定の場合は2年）

⑤従来の学力試験による選抜とは異なる形態の大学入学試験であるAO入試は何の略か。

⑤Admission Office（アドミッション・オフィス）

⑥学生が就職する前に一定期間，企業において就業体験をする制度は何か。

⑥インターンシップ制度

⑦生活が困窮している家庭に対し，国が文化的最低限度の生活を保障する制度を何というか。

⑦公的扶助

⑧すべての人が等しく利用できるモノやサービスの設計方法を何というか。

⑧ユニバーサルデザイン

覚えておこう

■**助動詞**
・can, may, must, will, shall, should などがある。
・動詞の前に置き，時間や状態などを表すために用いられる。
・ほかの動詞と結合して用いるなどの特徴がある。

■**関係詞**
・who, whose, whom, which, when, where などがある。
・接続詞と代名詞の役割を兼任する。
・先行詞の意味や内容を限定するものや，説明を追加するものがある。

■**前置詞**
・at, in, on, to, for などがある。
・時間や状態，目的や原因などを表す。
・at は一点，in は空間などの用法がある。

■次の文章の（　　）に最も適切な単語を入れな
さい。

①She went to the station（　　）bicycle.

②I went to the library（　　）foot.

③I wrote a letter（　　）English.

④あなたはここにいてもいい。
You（　　）stay here.

⑤あなたはもっと勉強すべきである。
You（　　）study more.

⑥私はとても大好きな友人が2人いる。
I have two friends（　　）I really like.

⑦父親が弁護士なのはあの女の子？
Is that the girl（　　）father is a lawyer?

①by

②on

③in

④may

⑤should

⑥whom

⑦whose

一般常識　05 雑学

覚えておこう

■**重要人物の要点チェック**

●**ノーベル賞**：川端康成，佐藤栄作，大江健三郎，白川英樹，益川敏英，南部陽一郎，鈴木章，天野浩，中村修二，山中伸弥，梶田隆章，本庶佑，吉野彰，真鍋淑郎

●**直木賞**：井伏鱒二，司馬遼太郎，青島幸男，林真理子，恩田陸

●**芥川賞**：安部公房，松本清張，大江健三郎，森敦，村上龍，山下澄人

●**国民栄誉賞**：高橋尚子，森繁久彌，長嶋茂雄，羽生結弦，国枝慎吾

１次の問いに答えなさい。

①1895年にＸ線を発見したことにより，ノーベル物理学賞を受賞した物理学者は誰か。

②中間子の存在の予言により，1949年に日本人初のノーベル賞を受賞した物理学者は誰か。

③非核三原則の制定などが評価され，1974年にノーベル平和賞を受賞した政治家は誰か。

④1955年に『白い人』で第33回芥川賞を受賞し，代表作に『海と毒薬』や『沈黙』などがある作家は誰か。

⑤現役時代はプロ野球選手として活躍し，通算本塁打868本を記録して，1977年に国民栄誉賞を受賞した人物は誰か。

⑥『東京キッド』や『川の流れのように』などのヒット曲を持ち，1989年に国民栄誉賞を受賞した歌手は誰か。

⑦『七人の侍』や『隠し砦の三悪人』などの作品を発表し，1988年に国民栄誉賞を受賞した映画監督は誰か。

①ヴィルヘルム・レントゲン

②湯川秀樹

③佐藤栄作

④遠藤周作

⑤王貞治

⑥美空ひばり（加藤和枝）

⑦黒澤明

168

実践演習

Challenge2

✍ 解いてみよう！

ある水族館の入館料は1人あたり1,200円であるが，30人以上集まると1割引の団体料金が適用される。30人未満でも30人で入場したほうが安くなるのは何人からか。

A	21人	B	22人	C	23人	D	24人
E	25人	F	26人	G	27人	H	28人
I	29人	J	A〜Iのいずれでもない				

▼▼▼

問題文の読み解き

「1,200円未満になる」という不等式を立てて計算する

ある水族館の入館料は1人あたり1,200円であるが，30人以上集まると1割引の団
　　　　　　　　↑1人1,200円が基準　　　　　　　　↑30人を含む
体料金が適用される。30人未満でも30人で入場したほうが安くなるのは何人からか。
↑1割引は1−0.1＝0.9倍　　　　　↑1人あたりが1,200円より安くなる

▼▼▼

順を追って計算しよう

1 入館料の合計を求める計算式を立てる

団体料金が適用されると，1人あたり1,200円の1割引になるので，
合計で，$(1{,}200 \times (①) \times 30)$円かかる（計算しないでおく）。

2 1人あたりの入館料を求める計算式を立てる

x人で入館したとすると，1人あたりの入館料は，
$\dfrac{1{,}200 \times (①) \times 30}{(②)}$円になる。

3 不等式を立てて人数を計算する

1人あたりの入館料が1,200円より安くならなければならないから，
$\dfrac{1{,}200 \times (①) \times 30}{(②)} < 1{,}200$

$1{,}200 \times (①) \times 30 < 1{,}200 \times (②)$　∴$(③) < (②)$

よって，$(④)$人以上であれば，30人として入場したほうが安くなる。

解答 H

$[①0.9 \ ②x \ ③27 \ ④28]$

例題

ある美術館の入館料は1人あたり1,800円であるが，30人以上50人未満の場合は25%引，50人以上の場合は30%引の団体料金が適用される。

(1) 30人未満でも30人で入館したほうが安くなるのは何人からか。

A 21人	B 22人	C 23人	D 24人
E 25人	F 26人	G 27人	H 28人
I 29人	J A～Iのいずれでもない		

(2) 50人未満でも50人で入館したほうが安くなるのは何人からか。

A 41人	B 42人	C 43人	D 44人
E 45人	F 46人	G 47人	H 48人
I 49人	J A～Iのいずれでもない		

順を追って計算しよう

(1) **入館料は1,800円より安くなる**

30人以上50人未満で25%引の団体料金が適用されるので，
合計で，$(1,800 \times (\text{①}) \times 30)$円かかる。

x人で入館したとすると，1人あたりの入館料は，

$\dfrac{1,800 \times (\text{①}) \times 30}{x}$ 円になる。

これが1,800円より安くならなければならないから，

$\dfrac{1,800 \times (\text{①}) \times 30}{x} < 1,800$

$1,800 \times (\text{①}) \times 30 < 1,800 \times x \quad \therefore (\text{②}) < x$

よって，(③)人以上であれば，30人として入館したほうが安くなる。

(2) **入館料は30人以上50人未満の場合より安くなる**

50人以上で入館すると，30%引の団体料金が適用されるので，
合計で，$(1,800 \times (\text{④}) \times 50)$円かかる。

x人で入館したとすると，1人あたりの入館料は，

$\dfrac{1,800 \times (\text{④}) \times 50}{x}$ 円になる。

これが$(1,800$円$\times (\text{①}))$円未満にならなければならないから，

$\dfrac{1,800 \times (\text{④}) \times 50}{x} < 1,800 \times (\text{①})$

$1,800 \times (\text{④}) \times 50 < 1,800 \times x \times (\text{①}) \quad \therefore (\text{⑤}) < x$

よって，(⑥)人以上であれば，50人として入館したほうが安くなる。

<u>**解答**</u> (1) **C** (2) **G**　　　　[① 0.75　② 22.5　③ 23　④ 0.7　⑤ 46.66…　⑥ 47]

✍ 解いてみよう！

ある商店では，現場の社員に値引きの裁量を与えているが，どんなに値引きしても売値の $\frac{1}{4}$ 以上が利益にならなければならないという規則がある。今，原価1,500円の商品に4割増の定価をつけた。この商品はいくらまで値引きできるか。

A	100円	B	150円	C	200円	D	250円
E	300円	F	350円	G	400円	H	450円
I	値引きできない			J	A〜Iのいずれでもない		

問題文の読み解き

原価，定価，売値，最安値の関係を正確に把握する

ある商店では，現場の社員に値引きの裁量を与えているが，どんなに値引きしても

売値の $\frac{1}{4}$ 以上が利益にならなければならないという規則がある。今，原価1,500円
↑利益は売値の $\frac{1}{4}$ 以上

の商品に4割増の定価をつけた。この商品はいくらまで値引きできるか。
↑定価＝原価1,500円×1.4　　↑定価−最安値＝値引きできる金額

順を追って計算しよう

１ 定価を計算する

定価は原価1,500円の4割増なので，

1,500×（ ① ）＝（ ② ）円になる。

２ 「利益が売値の $\frac{1}{4}$ 」をもとに最安値を計算する

「売値−原価＝利益」に「利益＝売値の $\frac{1}{4}$ 」を代入すると，

「売値−原価＝売値の $\frac{1}{4}$ 」になる。

これを整理すると，「原価＝売値の（ ③ ）」になる。

原価が1,500円なので，売値は，

1,500÷（ ③ ）＝1,500×（ ④ ）＝（ ⑤ ）円と決まる。

これが最安値である。

３ 定価から値引きできる金額を計算する

定価が（ ② ）円，最安値が（ ⑤ ）円なので，

（ ② ）−（ ⑤ ）＝（ ⑥ ）円まで値引きできる。

解答 A

［ ①1.4 ②2,100 ③ $\frac{3}{4}$ ④ $\frac{4}{3}$ ⑤2,000 ⑥100 ］

例題

部品1,000個を1個あたり20円で仕入れた。これに3割増の定価をつけて販売することにした。

(1) 定価で500個売ったところで，売れ行きが止まったため，残りは原価の4割引にして売り尽くした。このときの損益はいくらか。

A　3,000円の利益　　B　2,000円の利益　　C　1,000円の利益
D　1,000円の損失　　E　2,000円の損失　　F　3,000円の損失
G　4,000円の損失　　H　5,000円の損失　　I　利益も損失もない
J　A～Iのいずれでもない

(2) 定価で800個売ったところで，規格が変わり，残りはすべて廃棄せざるを得なくなった。このときの損益はいくらか。

A　1,000円の利益　　B　800円の利益　　C　600円の利益
D　　400円の利益　　E　200円の利益　　F　200円の損失
G　　400円の損失　　H　600円の損失　　I　利益も損失もない
J　A～Iのいずれでもない

順を追って計算しよう

(1) **1個あたりの利益と損失から計算する**

定価は原価の3割増なので，この商品を定価で販売すると，
1個あたりの利益は，$20 \times$ (①) = (②) 円になる。
割引き後の売値は原価の4割引なので(定価の4割引ではない)，売値で販売すると，1個あたりの損失は，$20 \times$ (③) = (④) 円になる(原価割れ)。
定価で500個，4割引で残り500個を売り尽くしたので，損益を計算すると，
(②) $\times 500 -$ (④) $\times 500 =$ (⑤)
したがって，損益は(⑥)円の(⑦)と決まる。

(2) **利益から廃棄分を差し引く**

(1)の結果より，定価で販売すると1個あたり(②)円の利益になるが，廃棄すると1個あたり(⑧)円の損失になる。定価で800個売り，残り200個を破棄したので，損益を計算すると，(②) $\times 800 -$ (⑧) $\times 200 =$ (⑨)
したがって，損益は(⑩)円の(⑪)と決まる。

[①0.3　②6　③0.4　④8　⑤−1,000　⑥1,000　⑦損失　⑧20　⑨800　⑩800　⑪利益]

解答 (1) **D**　(2) **B**

解いてみよう！

X，Y，Zの3人が家で飲み会を開くことになった。それぞれ自分の好きなお酒を持ち寄ってレシートを見せ合ったところ，YはXよりも700円安いお酒を，ZはXよりも1,000円高いお酒を買っていた。あとから3人の負担が平等になるように精算するとき，誰が誰にいくら支払えばよいか。

A	XがZに800円，YがZに100円	B	XがZに700円，YがZに200円
C	XがZに600円，YがZに300円	D	XがZに500円，YがZに400円
E	XがZに400円，YがZに500円	F	XがZに300円，YがZに600円
G	XがZに200円，YがZに700円	H	XがZに100円，YがZに800円
I	YがZに900円	J	A～Iのいずれでもない

問題文の読み解き

支払った金額が最も少ないYの金額をx円と置く

X，Y，Zの3人が家で飲み会を開くことになった。それぞれ自分の好きなお酒を持ち寄ってレシートを見せ合ったところ，YはXより700円安いお酒を，ZはXより
↑XはYよりも700円多く支払った
1,000円高いお酒を買っていた。あとから3人の負担が平等になるように精算する
↑ZはXよりも1,000円多く支払った
とき，誰が誰にいくら支払えばよいか。

順を追って計算しよう

1 X，Zが支払った金額をx円で表す

「YはXより700円安い」と「ZはXより1,000円高い」から，Yが支払った金額をx円と置くと，Xは$(x + 700)$円，Zは$(x + 1,700)$円と表せる。

2 1人あたりの負担額を計算する

支払った金額の合計は，$(x + 700) + x + (x + 1,700) = (①)$円なので，
1人あたりの負担額は，$(①) ÷ 3 = (②)$円になる。

3 それぞれの精算額を計算する

Xは$(x + 700) - (②) = -(③)$円なので，$(③)$円を支払わなければならず，Yも$x - (②) = -(④)$円なので，$(④)$円を支払わなければならない。
一方，Zは$(x + 1,700) - (②) = (⑤)$円をもらえる。したがって，XがZに$(③)$円，YがZに$(④)$円を支払うことで精算が完了する。

解答 H

[①$3x + 2,400$ ②$x + 800$ ③$100$ ④$800$ ⑤$900$]

例題

P, Q, Rの3人が居酒屋に行ったが, 会計の際, Pが6,000円, Qが1,000円, Rが5,000円を支払い, あとから3人の負担が平等になるように精算することにした。

(1) この状態で精算すると, 誰が誰にいくら支払えばよいか。

A	QがPに5,000円, QがRに4,000円	B	QがPに4,000円, QがRに3,000円
C	QがPに3,000円, QがRに2,000円	D	QがPに2,000円, QがRに1,000円
E	QがPに1,000円	F	QがRに1,000円
G	PがQに1,000円, RがQに2,000円	H	PがQに2,000円, RがQに3,000円
I	PがQに3,000円, RがQに4,000円	J	A～Iのいずれでもない

(2) PがQに1,000円, RがQに2,000円の借金があり, この借金の清算も同時に行うことにした。このとき, 誰が誰にいくら支払えばよいか。

A	RがQに1,000円	B	RがQに2,000円	C	RがQに3,000円
D	RがQに4,000円	E	RがPに1,000円	F	RがPに2,000円
G	RがPに3,000円	H	RがPに1,000円, RがQに1,000円		
I	RがPに2,000円, RがQに2,000円	J	A～Iのいずれでもない		

順を追って計算しよう

(1) 支払った金額から1人あたりの負担額を計算する

支払った金額の合計は, 6,000 + 1,000 + 5,000 = (①)円なので,
1人あたりの負担額は, (①) ÷ 3 = (②)円になる。
Pは6,000 − (②) = (③)円をもらえ, Qは1,000 − (②) = − (④)円なので, (④)
円を支払い, Rは5,000 − (②) = (⑤)円をもらえる。したがって, QがPに(③)
円, Rに(⑤)円を支払うことで精算が完了する。

(2) 誰が誰に借金があるかを正確に把握する

PはQから(③)円をもらえるが, Qに1,000円の借金があるので,
(③) − 1,000 = (⑥)円をもらえる。
さらに, RはQから(⑤)円をもらえるが, Qに2,000円の借金があるので, (⑤)
− 2,000 = − (⑦)円で, (⑦)円を支払うことになる。つまり, RはQに(⑦)円
を支払い, QはPに(⑥)円を支払うと, 無駄に循環することになる。これを避けるには, RからPに(⑧)円を直接支払えばよい。

[①12,000 ②4,000 ③2,000 ④3,000 ⑤1,000 ⑥1,000 ⑦1,000 ⑧1,000]

解答 (1) **D** (2) **E**

SPI 非言語分野 04 割合

解いてみよう！

家のリフォームをすることになり，頭金として総額の $\frac{1}{4}$ を支払い，1か月後に残金の $\frac{2}{3}$ を支払った。半年後に完済する契約をしたが，半年後に支払う金額は1か月後に支払った金額のどれほどにあたるか。

A	$\frac{1}{6}$	B	$\frac{1}{4}$	C	$\frac{1}{3}$	D	$\frac{1}{2}$
E	同額	F	2倍	G	3倍	H	4倍
I	6倍	J	A～Iのいずれでもない				

問題文の読み解き
何を何で割ればよいかを考える

家のリフォームをすることになり，頭金として総額の $\frac{1}{4}$ を支払い，1か月後に残金
　　　　　　　　　　　　　　　↑残金は $\frac{3}{4}$
の $\frac{2}{3}$ を支払った。半年後に完済する契約をしたが，半年後に支払う金額は1か月後
↑1か月後に支払った金額は $\frac{3}{4} \times \frac{2}{3}$
に支払った金額のどれほどにあたるか。
↑半年後に支払う金額÷1か月後に支払った金額

順を追って計算しよう

1 頭金を支払ったあとの残金を計算する

総額を1と置くと，頭金を支払ったあとの残金は，
$1 - (①) = (②)$ になる。

2 1か月後に支払った金額を計算する

1か月後に支払った金額は，(②) の $\frac{2}{3}$ なので，
$(②) \times \frac{2}{3} = (③)$ になる。

3 半年後に支払う金額を計算する

頭金を支払ったあとの残金は(②)，1か月後に支払った金額は(③)なので，半年後に支払う金額は，
$(②) - (③) = (④)$ になる。

4「半年後に支払う金額÷1か月後に支払った金額」を計算する

半年後に支払う金額は総額の(④)，1か月後に支払った金額は総額の(③)なので，$(④) \div (③) = (⑤)$ と決まる。

解答 D

[① $\frac{1}{4}$ ② $\frac{3}{4}$ ③ $\frac{1}{2}$ ④ $\frac{1}{4}$ ⑤ $\frac{1}{2}$]

大型家具を10回の分割払いで購入することにした。初回に総額の$\frac{2}{11}$を支払い，2回目以降は均等分割で支払う予定である。

(1) 均等分割の1回分は，総額のどれほどにあたるか。

A $\frac{3}{110}$ B $\frac{2}{55}$ C $\frac{1}{2}$ D $\frac{3}{55}$

E $\frac{7}{110}$ F $\frac{4}{55}$ G $\frac{9}{110}$ H $\frac{1}{11}$

I $\frac{1}{10}$ J A〜Iのいずれでもない

(2) 5回目まで支払った時点で，既払い分と未払い分の金額の比はいくらか。

A 37：18   B 36：19   C 7：4   D 34：21

E 3：2   F 32：23   G 31：24   H 6：5

I 1：1   J A〜Iのいずれでもない

順を追って計算しよう

(1) 初回分を除くと分割回数は9回になる

総額を1と置くと，初回に総額の$\frac{2}{11}$を支払っているので，この時点での残金は，

$1 - \frac{2}{11} = ($ ① $)$になる。

これを（ ② ）回で均等に分割するので，

均等分割1回あたりに支払う金額は，（ ① ）÷（ ② ）＝（ ③ ）と決まる。

(2) 既払い分と未払い分を計算して比にする

5回目まで支払った時点とは，初回分$\left(\frac{2}{11}\right)$を支払ったあと，均等分割の支払いを（ ④ ）回終了した時点のことである。

したがって，既払い分は，$\frac{2}{11} + ($ ③ $) \times ($ ④ $) = ($ ⑤ $)$

未払い分は，$1 - ($ ⑤ $) = ($ ⑥ $)$になる。

したがって，既払い分：未払い分＝（ ⑤ ）：（ ⑥ ）＝（ ⑦ ）：（ ⑧ ）と決まる。

解答 (1) **H**   (2) **H**

$\left[① \frac{9}{11} ② 9 ③ \frac{1}{11} ④ 4 ⑤ \frac{6}{11} ⑥ \frac{5}{11} ⑦ 6 ⑧ 5 \right]$

SPI 非言語分野 05 仕事算

✏ 解いてみよう！

PとQの2人で力を合わせて仕事を始め，12分で全体の$\frac{2}{3}$まで完了した。残りの仕事をQが1人で担当すると15分，Rが1人で担当すると20分かかる。この仕事全体をPとRの2人で取り組んだとき，どれだけの時間がかかるか。

A	15分	B	18分	C	20分	D	24分
E	25分	F	30分	G	36分	H	40分
I	45分	J	A～Iのいずれでもない				

問題文の読み解き

残りの$\frac{1}{3}$の仕事量をQとRの最小公倍数で決める

PとQの2人で力を合わせて仕事を始め，12分で全体の$\frac{2}{3}$まで完了した。残りの仕

↑残りの仕事は全体の$\frac{1}{3}$

事をQが1人で担当すると15分，Rが1人で担当すると20分かかる。この仕事全体

↑残りの仕事量を15と20の最小公倍数で60と置く　　　　　　全体の仕事量は60×3＝180↑

をPとRの2人で取り組んだとき，どれだけの時間がかかるか。

順を追って計算しよう

1 全体の仕事量を計算する

15と20の最小公倍数は（①）で，これは全体の仕事量の$\frac{1}{3}$だから，
全体の仕事量は（②）と決まる。

2 P，Q，Rの1分あたりの仕事量を計算する

Qの1分あたりの仕事量は，（①）÷15＝（③）
Rの1分あたりの仕事量は，（①）÷20＝（④）

PとQが力を合わせて12分で全体の$\frac{2}{3}$を仕上げるので，
（②）×$\frac{2}{3}$÷12＝（⑤）

Qの1分あたりの仕事量は（③）であるので，
Pの1分あたりの仕事量は（⑤）－（③）＝（⑥）と決まる。

3 全体の仕事量をPとRの仕事量の合計で割る

全体の仕事量が（②），1分あたりの仕事量はPが（⑥），Rが（④）なので，PとRで（⑦），（②）÷（⑦）＝（⑧）分かかる。

解答 C

[①60 ②180 ③4 ④3 ⑤10 ⑥6 ⑦9 ⑧20]

📄 **例題**

大，中，小の3種類の工作機械がある。大と中で1時間で仕上げる作業を小は3時間で仕上げ，大と小で1時間で仕上げる作業を中は2時間で仕上げる。

(1) この3種類の工作機械の1時間あたりの作業量の比を「大：中：小」の形式で表すとどのようになるか。

A	$3:2:1$	B	$4:3:2$	C	$5:4:3$	D	$6:5:4$
E	$4:2:1$	F	$5:3:1$	G	$6:4:3$	H	$7:5:4$
I	$8:6:3$	J	A〜Iのいずれでもない					

(2) 大，中，小で4時間かかる作業がある。この作業を中と小で3時間行ったのち，大と中で仕上げるとすると，すべての作業を終えるまでにどれだけの時間がかかるか。

A	1時間	B	2時間	C	2.5時間	D	3時間
E	4時間	F	5時間	G	5.5時間	H	6時間
I	7時間	J	A〜Iのいずれでもない					

順を追って計算しよう

(1) x, y, z を使った方程式に置き換える

大，中，小の1時間あたりの作業量を順に x, y, z と置く。

大と中で1時間で仕上げる作業を小は3時間で仕上げるので，

$(x + y) \times 1 = z \times 3$ ……〔1〕

大と小で1時間で仕上げる作業を中は2時間で仕上げるので，

$(x + z) \times 1 = y \times (①)$ ……〔2〕

〔1〕より $x = 3z - y$，〔2〕より $x = 2y - z$，

したがって，$3z - y = 2y - z$　$3y = 4z$　∴ $y : z = (②):(③)$

$y = (②)$，$z = (③)$ を〔1〕に代入すると，$x = (④)$ になる。

(2) 全体の作業量を計算してから残りを計算していく

大，中，小で4時間かかるときの作業量は，$(5 + 4 + 3) \times 4 = (⑤)$ になる。中と小で3時間かかるときの作業量は，$(4 + 3) \times 3 = (⑥)$ なので，

残りの作業量は，$(⑤) - (⑥) = (⑦)$ になる。

これを大と中で仕上げると，$(⑦) \div (5 + 4) = (⑧)$ 時間かかる。

したがって，すべての作業を終えるまでに，$3 + (⑧) = (⑨)$ 時間かかる。

解答 (1) **C**　(2) **H**　　　[①2 ②4 ③3 ④5 ⑤48 ⑥21 ⑦27 ⑧3 ⑨6]

✍ 解いてみよう！

自転車で実家まで帰省することにした。全行程を三等分し，時速8km，時速12km，時速15kmで移動すると，平均の速さは時速何kmになるか。必要があれば，小数第二位以下を四捨五入しなさい。

A	時速 9.2km	B	時速 9.8km	C	時速10.2km
D	時速10.5km	E	時速10.9km	F	時速11.1km
G	時速11.4km	H	時速11.7km	I	時速11.9km
J	A～Iのいずれでもない				

問題文の読み解き

「平均の速さ」は足して（3で）割ってはいけない

自転車で実家まで帰省することにした。全行程を三等分し，時速8km，時速12km，
↑距離を三等分した
時速15kmで移動すると，平均の速さは時速何kmになるか。必要があれば，小数
↑三等分の距離÷それぞれの速さ＝それぞれの時間　　↑全行程の距離÷合計の時間＝平均の速さ
第二位以下を四捨五入しなさい。

順を追って計算しよう

■ 全行程を三等分した距離を考える

距離が明らかになっていないので，仮の数字を代入して計算したほうが早い。8と12と15の最小公倍数は（①）なので，全行程を三等分した距離を（①）kmと考える。

■ 全行程を進むのにかかった時間を計算する

（①）÷ 8 =（②）なので，時速8kmで（②）時間，
（①）÷ 12 =（③）なので，時速12kmで（③）時間，
（①）÷ 15 =（④）なので，時速15kmで（④）時間進んだことになる。
したがって，合計（⑤）時間かかったことになる。

■ 「距離÷時間」で平均の速さを計算する

全行程（①）km × 3 =（⑥）kmを（⑤）時間かけて進んだことになる。
平均の速さは，（⑥）÷（⑤）=（⑦）
小数第二位を四捨五入すると，時速（⑧）kmと決まる。

（8 + 12 + 15）÷ 3 = 35 ÷ 3＝11.66…≒ 11.7（選択肢H）としないように。

解答 E　　　　　　[①120 ②15 ③10 ④8 ⑤33 ⑥360 ⑦10.90… ⑧10.9]

例題

本館から別館まで300mの通路で結ばれたショッピングモールがある。通路の途中に全長60mの「動く歩道」があり，この「動く歩道」に乗ると，静止していても1分30秒で始点から終点に到着する。

(1) この「動く歩道」は分速何mで動いているか。

A	分速20 m	B	分速24 m	C	分速28 m	D	分速32 m
E	分速36 m	F	分速40 m	G	分速44 m	H	分速48 m
I	分速52 m	J	A～Iのいずれでもない					

(2) 「動く歩道」の上も含め，分速60mで休まずに歩くと，本館から別館まで移動するのにどれだけの時間がかかるか。

A	4分36秒	B	4分48秒	C	5分	D	5分12秒
E	5分24秒	F	5分36秒	G	5分48秒	H	6分
I	6分12秒	J	A～Iのいずれでもない					

順を追って計算しよう

(1) 単位を分速に変換して速さを計算する

「動く歩道」に乗れば，静止していても，1分30秒で全長60mを移動できるので，
「動く歩道」の速さは，60 ÷（①）＝分速（②）mになる。

(2) 「動く歩道」以外の通路を歩く時間も加えて計算する

「動く歩道」が分速（②）mで移動しているので，
「動く歩道」の上を分速60mで歩くと，歩道に乗っていない人からは，
分速（③）mで歩いているように見える（相対速度）。
「動く歩道に乗って歩く早さ＝動く歩道の早さ＋歩く早さ」で，
「動く歩道」は全長60mなので，歩道の始点から終点までは，
60 ÷（③）＝（④）分かかることになる。
「動く歩道」以外の通路は，300 － 60 ＝（⑤）mなので，
この部分を分速60mで進むと，（⑤）÷ 60 ＝（⑥）分かかる。
本館から別館まで，歩道上を（④）分，歩道以外を（⑥）分で歩くので，合計（⑦）分，つまり（⑧）分（⑨）秒かかることがわかる。

> 「1分＝60秒」なので「0.6分＝36秒」になる（60を掛ければよい）。

解答 (1) **F**　(2) **A**　　［ ①1.5 ②40 ③100 ④0.6 ⑤240 ⑥4 ⑦4.6 ⑧4 ⑨36 ］

✎ 解いてみよう！

祖父，祖母，父，母，姉，妹の家族6人で中華料理を食べに行ったところ，円形の食卓に案内された。祖父と祖母，父と母，姉と妹が必ず隣り合うように着席する方法は何通りあるか。ただし，回転させて同じになる座り方は1通りとみなす。

A	8通り	B	16通り	C	24通り	D	48通り
E	64通り	F	72通り	G	84通り	H	96通り
I	120通り	J	A～Iのいずれでもない				

問題文の読み解き

回転させて同じになる座り方は「円順列」で解く

祖父，祖母，父，母，姉，妹の家族6人で中華料理を食べに行ったところ，円形の
　　　　　　　　　　　　　　　　　　　　　　　　　　　　　　「円順列」になる ↑
食卓に案内された。祖父と祖母，父と母，姉と妹が必ず隣り合うように着席する方
　　　　　　　↑祖父と祖母，父と母，姉と妹をそれぞれ1組と考える
法は何通りあるか。ただし，回転させて同じになる座り方は1通りとみなす。

順を追って計算しよう

1 3組の「円順列」が何通りあるかを考える

祖父と祖母，父と母，姉と妹が必ず隣り合うように着席するには，まずこの2人ずつが離れないようにひとまとめにしておく必要がある。

つまり，3組とみなして「円順列」を考えると，

「順列÷組数」で求められるので，

$$\frac{3!}{3} = \frac{3 \times 2 \times 1}{3} = (①)通りの座り方がある。$$

2 祖父と祖母，父と母，姉と妹の席の入れ替えを考える

祖父と祖母は左右の席の入れ替えがあるので(②)通り。

父と母，姉と妹も同様に(②)通りずつの入れ替えがあるので，

1通りの座り方に対し，$2 \times 2 \times 2 = (③)$通りの入れ替えが考えられる。

3 「積の法則」で最終的な場合の数を考える

円順列の1通りに対し，祖父と祖母，父と母，姉と妹のそれぞれの入れ替えがあるので，「積の法則」より，$(①) \times (③) = (④)$通りと決まる。

解答 B

[①2 ②2 ③8 ④16]

📝 例題

立方体の6つの面の色をペンキで塗り分けることにした。1つの面に対して1色を塗り，隣り合う面に同じ色を塗ってはならないものとする。ただし，回転させて同じになる塗り方は1通りとみなす。

(1) 4色のペンキを使うと塗り方は何通りあるか。ただし，4色をすべて使うものとする。

A　5通り	B　6通り	C　7通り	D　8通り
E　9通り	F　10通り	G　11通り	H　12通り
I　13通り	J　A～Iのいずれでもない		

(2) 5色のペンキを使うと塗り方は何通りあるか。ただし，5色をすべて使うものとする。

A　24通り	B　27通り	C　30通り	D　36通り
E　45通り	F　60通り	G　72通り	H　90通り
I　120通り	J　A～Iのいずれでもない		

順を追って計算しよう

(1) 3組ある平行な面を4色で塗り分ける組合せを考える

「隣り合う面に同じ色を塗ってはならない」ので，3組ある平行な面のうち，
2組をそれぞれ同じ色，1組を異なる色で塗り分けるしかない。
異なる色で塗り分ける1組を決めれば，あとは1通りに決まる。
4色から2色を選ぶ組合せは，$_4C_2 = \dfrac{4 \times 3}{2 \times 1} = (\;①\;)$ 通りなので，
4色のペンキを使う塗り方は（ ① ）通りとなる。

(2) 側面に塗る4色の選び方が「円順列」になる

5色をすべて使って塗り分けるには，1色を平行な2面（上面，下面とする）に塗り，
あとの4色を側面に塗り分ける「円順列」となる。
平行な面に塗る1色の選び方は（ ② ）通り，
側面に塗る4色の選び方は4色の「円順列」なので（ ③ ）通りある。
「積の法則」より，（ ② ）×（ ③ ）＝（ ④ ）通りと決まる。

> 「円順列」は，「順列÷色数」で求められる。
> たとえば，4色の円順列は，$\dfrac{4\,!}{4} = \dfrac{4 \times 3 \times 2 \times 1}{4} = 6$ 通りになる。

解答 (1) **B**　(2) **C**

［ ①6 ②5 ③6 ④30 ］

183

✍️ 解いてみよう！

10本中1本の当たりが入っているくじがあり，P，Q，Rの3人がこの順にくじ
を引くことになった。この3人が当たりを引く確率をそれぞれ p, q, r と置くと，
この確率の大小を表す正しい数式はどれか。なお，引いたくじは元に戻さない
ものとする。

A $p > q > r$	B $p > q = r$	C $p = q > r$
D $p = q = r$	E $p < q < r$	F $p < q = r$
G $p = q < r$	H $r > p > q$	I $q > p > r$
J A～Iのいずれでもない		

問題文の読み解き

前の人がはずれを引かないと当たりを引けない

10本中1本の当たりが入っているくじがあり，P，Q，Rの3人がこの順にくじを引
↑10本中1本が当たりくじ　　　　　　　1本ずつ引くと，くじは10→9→8と減っていく↑
くことになった。この3人が当たりを引く確率をそれぞれ p, q, r と置くと，この
　　　　　↑前の人がはずれを引くことが前提になる
確率の大小を表す正しい数式はどれか。なお，引いたくじは元に戻さないものとす
る。

順を追って計算しよう

1 Pが当たりを引く確率を計算する

Pが当たりを引く確率は，当たりが10本中1本なので，
$p = ($ ① $)$ である。

2 Qが当たりを引く確率を計算する

Qが当たりを引く確率は，Pがはずれを引くことが前提であるから，
$q = ($ ② $) \times ($ ③ $) = ($ ④ $)$ である。

3 Rが当たりを引く確率を計算する

Rが当たりを引く確率は，PとQがはずれを引くことが前提であるから，
$r = ($ ② $) \times ($ ⑤ $) \times ($ ⑥ $) = ($ ⑦ $)$ である。

4 p, q, r の大小関係を考える

$($ ① $)$, $($ ④ $)$, $($ ⑦ $)$ より，$($ ⑧ $)$ と決まる。

解答 D

$\left[① \dfrac{1}{10} ② \dfrac{9}{10} ③ \dfrac{1}{9} ④ \dfrac{1}{10} ⑤ \dfrac{8}{9} ⑥ \dfrac{1}{8} ⑦ \dfrac{1}{10} ⑧ p = q = r \right]$

例題

白玉が5個，赤玉が2個，青玉が3個入った袋がある。この袋から，中を見ずに2個の玉を取り出すことを考える。なお，一度取り出した玉は袋に戻さないものとする。

(1) 1個目に白玉，2個目に青玉が出る確率はどれほどか。

A $\dfrac{1}{8}$ B $\dfrac{3}{8}$ C $\dfrac{2}{7}$ D $\dfrac{3}{7}$

E $\dfrac{4}{7}$ F $\dfrac{1}{6}$ G $\dfrac{2}{5}$ H $\dfrac{1}{4}$

I $\dfrac{1}{3}$ J A～Iのいずれでもない

(2) 少なくとも1個は白玉が出る確率はどれほどか。

A $\dfrac{2}{9}$ B $\dfrac{4}{9}$ C $\dfrac{5}{9}$ D $\dfrac{7}{9}$

E $\dfrac{3}{7}$ F $\dfrac{4}{7}$ G $\dfrac{1}{6}$ H $\dfrac{5}{6}$

I $\dfrac{1}{2}$ J A～Iのいずれでもない

順を追って計算しよう

(1)「積の法則」でそれぞれの確率を掛ける

玉は合計10個（白5＋赤2＋青3）あり，白玉は5個あるので，
1個目で白玉が出る確率は（ ① ）。
残りの玉は9個あるので，2個目に青玉が出る確率は（ ② ）。
したがって，「積の法則」より，（ ① ）×（ ② ）＝（ ③ ）と決まる。

(2)「少なくとも1個は白玉が出る」の余事象を考える

「少なくとも1個は白玉が出る」の余事象は，「2個とも白玉以外が出る」である。
1個目に白玉以外が出る確率は（ ④ ）。
2個目も白玉以外が出る確率は（ ⑤ ）。
「積の法則」より，（ ④ ）×（ ⑤ ）＝（ ⑥ ）となる。
したがって，少なくとも1個は白玉が出る確率は，
1－（ ⑥ ）＝（ ⑦ ）と決まる。

［白玉以外であれば，赤玉でも青玉でもかまわないので，赤玉と青玉を区別して細かく吟味する必要はない。］

解答 (1) **F** (2) **D** ［①$\dfrac{5}{10}$②$\dfrac{3}{9}$③$\dfrac{1}{6}$④$\dfrac{5}{10}$⑤$\dfrac{4}{9}$⑥$\dfrac{2}{9}$⑦$\dfrac{7}{9}$］

解いてみよう！

ある製菓学校に通う1年生20人と2年生20人の合計40人の学生に，和菓子と洋菓子に関するアンケートを実施した。次の表は，その集計結果の一部である。「洋菓子だけが好き」と答えた人が6人いたとき，「和菓子も洋菓子も嫌い」と答えた人は何人いたか。

		好き	嫌い
和菓子	1年生	9	11
	2年生	14	6
洋菓子	1年生	13	7
	2年生	2	18

A 5人	B 6人	C 7人	D 8人
E 9人	F 11人	G 13人	H 15人
I 18人	J A〜Iのいずれでもない		

問題文の読み解き

必要がない属性は無視して表を作り直す

1年生か2年生かは解答に不要な属性なので，先に人数を合計し，和菓子が「好き／嫌い」と，洋菓子が「好き／嫌い」を交差させた表に作り直しておく。

		洋菓子		合計
		好き	嫌い	
和菓子	好き			23
	嫌い	（①）	（②）	17
合計		15	25	40

順を追って計算しよう

1 条件を書き入れる

条件より，「洋菓子だけが好き」と答えた人が（①）人いる。

2「和菓子も洋菓子も嫌い」と答えた人を考える

したがって，「和菓子も洋菓子も嫌い」と答えた人が（②）人と決まる。

解答 F

[①6 ②11]

📋 例題

男性28人と女性22人の合計50人に，α検定とβ検定の合否についてのアンケートを実施した。次の表は，その集計結果の一部である。「α検定にもβ検定にも合格した」と答えた男性が10人，「α検定だけに合格した」と答えた女性が2人いたとき，次の問いに答えなさい。

		男性	女性
α検定	合格	12	3
	不合格	16	19
β検定	合格	23	4
	不合格	5	18

(1)「α検定だけに合格した」と答えたのは，男女合わせて何人か。

A	4人	B	5人	C	9人	D	10人
E	13人	F	16人	G	18人	H	23人
I	25人	J	A～Iのいずれでもない				

(2)「β検定だけに合格した」と答えたのは，男女合わせて何人か。

A	4人	B	5人	C	9人	D	11人
E	13人	F	16人	G	18人	H	23人
I	25人	J	A～Iのいずれでもない				

順を追って計算しよう

男性と女性に分け，各検定の合格者と不合格者を整理する。
「α検定にもβ検定にも合格した男性は10人」，「α検定だけに合格した女性は2人」を空欄に書き入れておく。

男性		β検定		合計
		合格	不合格	
α検定	合格	10	（①）	12
	不合格	（②）	（③）	16
合計		23	5	28

女性		β検定		合格
		合格	不合格	
α検定	合格	（④）	2	3
	不合格	（⑥）	（⑤）	19
合計		4	18	22

(1)「α検定だけに合格した」を計算する
　男女合わせ，（①）＋2＝（⑦）人と決まる。

(2)「β検定だけに合格した」を計算する
　男女合わせ，（②）＋（⑥）＝（⑧）人と決まる。

解答 (1) **A**　(2) **F**　　〔①2 ②13 ③3 ④1 ⑤16 ⑥3 ⑦4 ⑧16〕

✍ 解いてみよう！

次の表は，ある団体の構成人数を，対前年増加率とともに年度別に集計したものである。このとき，令和5年度の人数は何人か。

年度	令和3年度	令和4年度	令和5年度
人数	168人		
対前年増加率	20%	25%	△10%

※△は「マイナス」を表す

A	180人	B	183人	C	189人	D	190人
E	193人	F	195人	G	196人	H	198人
I	199人	J	A～Iのいずれでもない				

問題文の読み解き

対前年増加率を使って各年の人数を計算する

年度	令和3年度	令和4年度	令和5年度
人数	168人		
対前年増加率	20%	25%	△10%

↑前年を基準にして何％増加したか
　を表す数値

↑令和4年度は前年（令和3年度）
　を基準に25％増加した

順を追って計算しよう

1 令和4年度の人数を計算する

令和4年度の人数は，令和3年度×（①）倍になるので，
168×（①）＝（②）人と決まる。

2 令和5年度の人数を計算する

同様に，令和5年度の人数は，令和4年度×（③）倍になるので，
（②）×（③）＝（④）人と決まる。

解答 C

［ ①1.25 ②210 ③0.9 ④189 ］

例題

次の表は，ある大学で実施された「学力テスト」の結果について，「言語」と「非言語」の得点を組み合わせ，その分布をまとめたものである。なお，受験者は150人で，両分野とも50点満点で換算されている。

		非言語				
		0〜10点	11〜20点	21〜30点	31〜40点	41〜50点
言語	0〜10点	3	7	10	8	0
	11〜20点	6	11	13	5	3
	21〜30点	8	16	12	4	2
	31〜40点	14	8	5	1	0
	41〜50点	0	9	2	2	1

(1)「言語」または「非言語」が30点以下の受験者は何人いたか。

A	86人	B	92人	C	98人	D	104人
E	108人	F	112人	G	124人	H	136人
I	146人	J	A〜Iのいずれでもない				

(2)「非言語」が41〜50点だった受験者の「言語」の平均点として，あり得る点数はどれか。

　ア　9点　イ　14点　ウ　20点　エ　24点　オ　29点　カ　34点

A	ア，イ	B	イ，ウ	C	ウ，エ	D	エ，オ
E	オ，カ	F	ア，イ，ウ	G	イ，ウ，エ	H	エ，オ，カ
I	イ，ウ，エ，オ		J	A〜Iのいずれでもない			

順を追って計算しよう

(1)「言語」または「非言語」が30点以下の人数は，全体から「言語」かつ「非言語」が（①）点以上の人数を引けばよいので，150 − （②）＝（③）人

(2)「非言語」が41〜50点だった受験者は（④）人いる。
　「言語」で最も高い得点を取っている場合の平均点は，
　$(20 \times 3 + 30 \times 2 + 50 \times 1) \div （④）＝（⑤）$
　最も低い得点を取っている場合の平均点は，
　$(11 \times 3 + 21 \times 2 + 41 \times 1) \div （④）＝（⑥）$
　（⑥）点〜（⑤）点に収まっている点数を選び出せばよい。

解答 (1)　**I**　(2)　**C**

［①31 ②4 ③146 ④6 ⑤28.3 ⑥19.3］

189

解いてみよう！

P，Q，R，Sの4チームがサッカーのリーグ戦を行った。その結果，QはSに勝ち，RはPに敗れた。また，引き分けはなく，全敗もなかった。さらに，PはSに敗れたが，最終的な勝率を比較したところ，PはQよりも勝っていた。このとき，確実にいえるものはどれか。

ア　Pは2勝1敗だった　　　　　イ　Qは1勝2敗だった
ウ　Rは2勝1敗だった　　　　　エ　Sは1勝2敗だった

A　アのみ　　　B　イのみ　　　C　ウのみ　　　D　エのみ
E　アとイ　　　F　アとウ　　　G　イとウ　　　H　イとエ
I　ウとエ　　　J　A～Iのいずれでもない

問題文の読み解き

表を作って確実にいえることを書き入れていく

リーグ戦の勝敗表を書き，「QはSに勝った」，「RはPに敗れた」，「PはSに敗れた」を書き入れる。

	P	Q	R	S
P			○	×
Q				○
R	×			
S	○	×		

➡

	P	Q	R	S
P		○	○	×
Q	×		×	○
R	×	○		?
S	○	×	?	

順を追って考えよう

1 条件から確実にいえることを確定する

Pは1勝1敗，Qは1勝しているので，Pが勝率でQに勝るためには，
PはQに勝たなければならず，さらにQはRに敗れなければならない。
したがって，アの「Pは2勝1敗だった」は（①），イの「Qは1勝2敗だった」は（②）。

2 結果が不明なものは「確実にいえるとは限らない」

最終的にR対Sの勝敗が不明なので，
ウの「Rは2勝1敗だった」，エの「Sは1勝2敗だった」は（③）。

<u>解答 E</u>　　　[①確実にいえる ②確実にいえる ③確実にいえるとは限らない]

📖 例題

大学生に果物の好みについてアンケートをとったところ，次のaとbのことが
わかった。

　　　a：ミカンが好きな人はブドウが好き
　　　b：リンゴが好きな人はブドウが好きでない

(1) ア～ウのうち確実にいえるものはどれか。
　　ア　ミカンが好きでない人はブドウが好きでない
　　イ　リンゴが好きでない人はブドウが好き
　　ウ　ブドウが好きな人はミカンが好き

A　アのみ	B　イのみ	C　ウのみ
D　アとイ	E　イとウ	F　アとウ
G　アとイとウ	H　確実にいえるものはない	

(2) 次のcを確実にいうためには，a, bのほかに，カ～クのどれがわかればよいか。
　　　c：ブドウが好きな人はバナナが好きでない

　　カ　リンゴが好きな人はバナナが好き
　　キ　ミカンが好きな人はバナナが好き
　　ク　バナナが好きな人はリンゴが好き

A　カのみ	B　キのみ	C　クのみ
D　カとキ	E　キとク	F　カとク
G　カとキとクのすべてわからないと成り立たない		
H　カとキとクのすべてわかっても成り立たない		

順を追って考えよう

(1)「逆」と「裏」は必ずしも真になるとはいえない
　アはaの「裏」，イはbの「裏」，ウはaの「逆」なので，
　必ずしも真になるとはいえない。

(2) cが成り立つためには次の(⇒)が成り立てばよい
　「ミカン好き→ブドウ好き→リンゴ好きでない(⇒)バナナ好きでない」。
　「リンゴ好きでない→バナナ好きでない」の対偶は(「 ① 」)で，(②)である。

解答 (1) **H**　　(2) **C**　　　　　　　　[①バナナ好き→リンゴ好き　②ク]

✍️ 解いてみよう！

家から出発して北の方角へ100m直進し，十字路を右折して200m直進した。さらに，十字路を左折し，100m直進すると郵便局がある。このとき，家から見て郵便局はどの方角にあるか。

A	北	B	東	C	南	D	西
E	北東	F	北西	G	南東	H	南西
I	東北東	J	A～Iのいずれでもない				

問題文の読み解き

どの方角に何m進んだかを正確に把握する

家から出発して北の方角へ100m直進し，十字路を右折して200m直進した。さらに，
　↑北へ100m直進　　　　　　　　　↑東へ200m直進
十字路を左折し，100m直進すると郵便局がある。このとき，家から見て郵便局は
↑北へ100m直進
どの方角にあるか。
↑北へ200m，東へ200m直進したことになる

順を追って考えよう

1 北へ直進して右折するとどの方角を向くかを考える
北に向いた状態で右折するので，方角は（①）になる。

2 その後，左折するとどの方角を向くかを考える
（①）に向いた状態で左折するので，方角は（②）になる。

3 家から見た郵便局の方角を考える
家から郵便局への道筋をたどって行くと，
まず北へ100m，次に（①）へ200m，
さらに（②）へ100m直進する。
つまり，北へ（③）m，（①）へ200m進んだことになる。
したがって，家から見て郵便局は（④）の方角にある。

解答 E

［ ①東 ②北 ③200 ④北東 ］

例題

家から出発してどちらかの方向に200m，右折して100m，さらに右折して200m直進し，最後に左折して100m直進したところ，北極星が見えた。

(1) はじめにどの方角に向かって直進したか。

A	北	B	東	C	南	D	西
E	北東	F	北西	G	南東	H	南西
I	北北東	J	A～Iのいずれでもない				

(2) 最終到達地点は直線距離で家から何m離れているか。

A	50m	B	$50\sqrt{2}$ m	C	$50\sqrt{3}$ m	D	$50\sqrt{6}$ m
E	100m	F	$100\sqrt{2}$ m	G	$100\sqrt{3}$ m	H	200m
I	$200\sqrt{2}$ m	J	A～Iのいずれでもない				

順を追って考えよう

(1) **はじめに向かった方角を「北」と仮定して考える**

いったん，はじめに向かった方角を「北」と仮定して200m直進させてみる。

右折して（ ① ）の方角に100m，さらに右折して（ ② ）の方向に200m，最後に左折して（ ③ ）の方向に100m直進することになる。

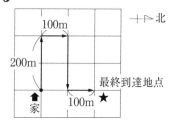

北極星が見えるという文章から，最終的な方角を「北」に修正すればよい。

最終的な方角が（ ③ ）だったということは，最初の仮定を90°左へ回転させればよい。

つまり，正しい方角は（ ④ ）だったことがわかる。

(2) **直線距離で考える**

図を描くと，最終到達地点は家から（ ⑤ ）m離れている。

解答 (1) **D** (2) **H**　　　　　　　　[①東 ②南 ③東 ④西 ⑤200]

太字で示した語句と同じ意味を表しているものはどれか。A～Eの選択肢の中から1つ選びなさい。

絶世

A	遮断	B	不敵	C	冠絶
D	罷免	E	絶対		

覚えておきたい同意語

欠点―短所	険悪―不穏	原因―理由	合格―及第
安泰―静穏	婚礼―婚儀	負債―借金	妨害―阻止
蹉跌―挫折	賛成―同意	残念―遺憾	賛美―称揚
大胆―豪胆	交渉―折衝	自然―天然	多弁―饒舌

順に選択肢を見ていこう

１太字の語句の意味を確認する

「絶世（ぜっせい）」は「比較できないほど優れていること」である。与えられた語句の意味がわからないときは，その語句を使った文例を考えてみよう。たとえば，「彼女は絶世の美女だ」などの文例を考えると，「絶世」という語句が「世界一」や「ほかにいない」などの意味を持つと想像できる。

２明らかに異なる選択肢を除外する

「世界一」を想像しながら選択肢を見ると，Aの「遮断」とDの「罷免（ひめん）」は「世界一」というイメージを持つ語句ではないため除外される。ちなみに，Aの「遮断」は「流れをさえぎって止めること」，Dの「罷免」は「職務を辞めさせること」である。

３残った選択肢について考える

Bの「不敵」は「敵がいないこと」ではなく，「大胆で恐れを知らないこと」である。「不敵な笑い」という文例を考えればわかりやすい。また，Eの「絶対」は「ほかに比較するものや対立するものがないこと」であるが，「優れている」という意味は含まれていない。したがって，Cの「冠絶（かんぜつ）」が「絶世」の同意語といえる。

解答 C ［冠絶］

例題

太字で示した語句と同じ意味を表しているものはどれか。A〜Eの選択肢の中から1つ選びなさい。

(1) **援用**

A	盗用	B	適用	C	運用
D	引用	E	登用		

(2) **泰斗**

A	大人	B	大河	C	大家
D	大屋	E	大儀		

順に選択肢を見ていこう

(1) 漢字の意味から判断する

「援用（えんよう）」は「自分の意見を主張するために，ほかから引用すること」である。この意味がわかれば，同意語はDの「引用」と判断できるが，わからないときは漢字に注目しよう。

「援」は「応援」や「援助」などの語句に用いられ，「助ける」や「手を差し伸べる」といった意味を持つ。このイメージをもとに選択肢を見ると，Aの「盗用」，Cの「運用」，Eの「登用」が選択肢から除外される。ちなみにAの「盗用」は「無断で使うこと」，Cの「運用」は「機能を生かして用いること」，Eの「登用」は「人を高い地位に引き上げること」である。

また，Bの「適用」は「あてはめて用いること」なので，「援用」の同意語とはいえない。

(2) 故事成句は覚えておこう

「泰斗（たいと）」は「ある分野や世界で権威となる者」のことである。「泰斗」は，中国の『唐書』にある語句で，「泰山北斗」の略。中国の名山「泰山」と「北斗七星」は誰でも見られることから，この意味を持つようになった。このような故事成句は覚えるしかない。

選択肢を見ると，Bの「大河」，Dの「大屋（たいおく）」，Eの「大儀」は明らかに意味が異なる。ちなみにBの「大河」は「大きな川」，Dの「大屋」は「大きな家屋」，Eの「大儀」は「重大な事柄」のことである。

また，Aの「大人（うし）」は「学者や師匠を敬う表現」であり，Cの「大家（たいか）」が「泰斗」の同意語といえる。

解答 (1) **D** ［引用］　(2) **C** ［大家］

Step 1　Step 2　Step 3　Challenge 1　**Challenge 2**

✍ 解いてみよう！

太字で示した語句と反対の意味を表しているものはどれか。A～Eの選択肢の中から1つ選びなさい。

玄人

A　平凡	B　英才	C　栄華
D　栄誉	E　素人	

覚えておきたい反意語

帰結↔理由	謙遜↔不遜	粗野↔優雅	真実↔虚偽
永遠↔瞬間	独立↔従属	謄本↔抄本	灌木↔喬木
解雇↔採用	創造↔模倣	粗末↔立派	緻密↔散漫
点在↔密集	露骨↔婉曲	流浪↔定住	老練↔幼稚

順に選択肢を見ていこう

1「玄人」→「素人」と瞬時に解答する

「玄人（くろうと）」は「熟練した技術を持つ人」のことであり，反意語は「素人（しろうと）」である。このような語句の反意語は，漢字などから判断することが難しいので，知識として覚えておく。

2 そのほかの選択肢について考える

Aの「平凡」は「ごく当たり前のこと」，Bの「英才」は「優れた才能」，Cの「栄華」は「権力や財力によって栄えること」，Dの「栄誉」は「輝かしい名誉」である。「栄華」は「栄華を極める」などのように使い，「栄誉」は「国民栄誉賞」を思い浮かべれば意味を想像できる。いずれも「玄人」の反意語ではない。

解答 E［素人］

例 題

太字で示した語句と反対の意味を表しているものはどれか。A～Eの選択肢の中から1つ選びなさい。

(1) **新奇**

A	光明	B	異説	C	斬新
D	怪奇	E	陳腐		

(2) **停滞**

A	円滑	B	隆起	C	中庸
D	沈滞	E	上昇		

順に選択肢を見ていこう

(1) 明らかに反意語ではない選択肢を除外する

「新奇」は「目新しいこと」である。「新しい」と「奇抜な」という漢字に注目する。

まず，同じ漢字を持つ語句を除外する。Cの「斬新」は「趣向や発想などが新しい様子」，Dの「怪奇」は「あやしく不思議なこと」であり，いずれも「新奇」の反意語ではない。また，Aの「光明（こうみょう）」は「光明が見える」などのように使われ，「明るい見通し」を意味する。さらに，Bの「異説」は「他人と異なる説」のことで，「新奇」とは関係がない。

したがって，Eの「陳腐」（古くさいこと）が反意語として適切である。

(2) 同じ漢字を持つ語句から意味を想像する

「停滞」は「1箇所にとどまっていること」や「物事が順調に進まないこと」という意味である。意味がわからないときは，「停止」や「滞在」など，同じ漢字を持つ語句から想像する。これらから，「停滞」の反対の意味は「とどまらないこと」や「物事が順調に進むこと」であると考えられる。

Bの「隆起」は「ある部分が高く盛り上がること」，Cの「中庸（ちゅうよう）」は「調和がとれていること」，Dの「沈滞」は「沈みとどこおること」，Eの「上昇」は「上がっていくこと」であり，いずれも「停滞」の反意語ではない。つまり，Aの「円滑」の「物事がとどこおらずに進むこと」が「停滞」の反意語として適切である。

解答 (1) **E** ［陳腐］ (2) **A** ［円滑］

SPI 言語分野 03 2語の関係

✍ 解いてみよう！

太字で示した2語と同じ関係になる対を表しているのはア〜ウのどれか。A〜Hの選択肢の中から1つ選びなさい。

豚：真珠
　　ア　鳥：犬
　　イ　猿：棒
　　ウ　猫：小判

A　アだけ	B　イだけ	C　ウだけ
D　アとイ	E　アとウ	F　イとウ
G　すべて正しい	H　すべて間違っている	

問題文の読み解き

2語を使ったことわざがあるかどうかを考える

与えられた2語を使ってことわざや慣用句を作ることができるという関係。ことわざや慣用句を知っていないと関係に気が付かないので，試験に臨む前に再学習をしておこう。2語の関係がわからないときは，それらを使ったことわざや慣用句がないかを疑ってみよう。

順に選択肢を見ていこう

1 「豚」と「真珠」を組み合わせて「豚に真珠」
　「豚」と「真珠」で「豚に真珠」（価値がわからない者に貴重な物を与えても意味がない）ということわざができる。

2 アの関係を把握する
　「鳥」と「犬」を使ったことわざはない。

3 イの関係を把握する
　「猿」と「棒」を使ったことわざはない。

4 ウの関係を把握する
　「猫」と「小判」で「猫に小判」ということわざができる。意味は「豚に真珠」とほぼ同義である。

解答 C ［ウだけ］

太字で示した2語と同じ関係になる対を表しているのはア～ウのどれか。A～Hの選択肢の中から1つ選びなさい。

(1) **盗人：追銭**

　　ア　藪：棒

　　イ　蛙：池

　　ウ　鬼：金棒

　　A　アだけ　　　　　　　B　イだけ　　　　　　　C　ウだけ
　　D　アとイ　　　　　　　E　アとウ　　　　　　　F　イとウ
　　G　すべて正しい　　　　H　すべて間違っている

(2) **糠：釘**

　　ア　寝耳：水

　　イ　濡れ手：粟

　　ウ　目：禍

　　A　アだけ　　　　　　　B　イだけ　　　　　　　C　ウだけ
　　D　アとイ　　　　　　　E　アとウ　　　　　　　F　イとウ
　　G　すべて正しい　　　　H　すべて間違っている

順に選択肢を見ていこう

(1) **ことわざになりそうな組み合わせに惑わされない**

「盗人」と「追銭」で「盗人に追銭」（損の上に損を重ねることのたとえ）ということわざができることを読み解く。アの「藪（やぶ）」と「棒」で「藪から棒」（前触れや前置きがないこと），ウの「鬼」と「金棒」で「鬼に金棒」（強いものがさらに強くなること）ということわざができる。イの「蛙（かえる）」と「池」を使ったことわざはない。

(2) **体の部位を使ったことわざを覚えておく**

「糠（ぬか）」と「釘（くぎ）」で「糠に釘」（手ごたえや効き目がないこと）ということわざができることを読み解く。アの「寝耳」と「水」で「寝耳に水」（不意の出来事のたとえ），イの「濡れ手」と「粟（あわ）」で「濡れ手で粟」（苦労せずに多くの利益を上げることのたとえ）ということわざができる。ウの「目」と「禍（わざわい）」を使ったことわざはない。

解答 (1) **E**［アとウ］　(2) **D**［アとイ］

例 題

次の文章を読んで，問いに答えなさい。

　僕は昔から「人嫌い」「交際嫌い」で通って居た。しかしこれには色々な事情があったのである。もちろんその事情の第一番が，僕の孤独癖や独居癖やにもとづいて居り，全く（　ア　）問題だが，他にそれを余儀なくさせるところの，環境的な事情も大いにあったのである。元来こうした性癖の発芽は，子供の時の我がまま育ちにあるのだと思う。僕は比較的良家の生れ，子供の時に甘やかされて育った為に，他人との社交について，自己を抑制することができないのである。その上僕の（　イ　）性格が，小学生時代から仲間の子供とちがって居たので，学校では一人だけ除け物にされ，いつも周囲から冷たい敵意で憎まれて居た。学校時代のことを考えると，今でも寒々とした悪感が走るほどである。その頃の生徒や教師に対して，一人一人にみな復讐をしてやりたいほど，僕は皆から憎まれ，苛められ，仲間はずれにされ通して来た。小学校から中学校へかけ，学生時代の僕の過去は，今から考えてみて，僕の生涯の中での最も呪わしく陰鬱な時代であり，まさしく悪夢の追憶だった。

　こうした環境の事情からして，僕は益々人嫌いになり，非社交的な人物になってしまった。学校に居る時は，教室の一番隅に小さく隠れ，休養時間の時には，だれも見えない運動場の隅に，息を殺して隠れて居た。でも餓鬼大将の悪戯小僧は，必ず僕を見付け出して，皆と一緒に苛めるのだった。僕は早くから犯罪人の心理を知っていた。人目を忍び，露見を恐れ，絶えずびくびくとして逃げ回っている犯罪者の心理は，早く既に，子供の時の僕が経験して居た。その上僕は神経質であった。恐怖観念が非常に強く，何でもないことがひどく怖かった。幼年時代には，壁に映る時計や箒の影を見てさえ引きつけるほどに恐ろしかった。家人はそれを面白がり，僕によく悪戯してからかった。或る時，女中が杓文字の影を壁に映した。僕はそれを見て卒倒し，二日間も発熱して臥てしまった。幼年時代はすべての世界が恐ろしく，魑魅妖怪に満たされて居た。

（萩原朔太郎『僕の孤独癖について』）

(1) 文章中の（　ア　）に入る語句として適切なものを選びなさい。

A　見ず知らずの	B　環境的な	C　外部的な
D　難解な	E　後天的気質の	F　先天的気質の

(2) 文章中の（イ）に入る語句として適切なものを選びなさい。

    A　気性の荒い　　　　　　B　風変わりな　　　　　　C　社交的な

    D　楽観的な　　　　　　　E　論理的な　　　　　　　F　悪戯好きな

(3) 下線部の「すべての世界が恐ろしく，魑魅妖怪に満たされて居た」とはどういう意味か。適切なものを選びなさい。

    A　周囲のあらゆるものに怯えている様子

    B　周囲をうろつく妖怪に困っている様子

    C　外国の人が恐ろしく，化け物のように見える様子

    D　知らない地域が恐ろしく，怖がっている様子

    E　周囲の人に疎まれ，助けてくれる人がいない様子

順に選択肢を見ていこう

(1)「環境的な事情」と反対の意味合いの選択肢を考える

（ア）のあとにある逆接の接続詞「だが」の後ろには「環境的な事情」などの表現があり，前文にはそれと反対の内容が入ると考えられる。選択肢の中で当てはまるのは，Fの「先天的気質の」である。子どもの特性など，「環境的な」要因は「後天的な」要因であることを考えると判断しやすい。

(2) 本文全体から子どもの性格的な特徴を把握する

この問題は，前後の文章だけでは判断しにくいので，本文全体を通して考える必要がある。文脈から考えると，Aの「気性の荒い」，Cの「社交的な」，Dの「楽観的な」が消去される。また，Fの「悪戯好きな」ことについては本文中では触れられておらず，Eの「論理的な」はそれが理由で「憎まれ」るとは考えにくい。したがって，Bの「風変わりな」が適当といえる。

(3) 文脈から比喩を理解する

下線部の表現は，子どもの心情を表す比喩であることを理解する。下線部の前文に，いじめられたりいたずらをされたりしたことや，神経質で恐怖観念が強く，怖がりだったことなどが述べられている。

まずBは，文字どおりの妖怪のことを述べているわけではないので不適切。また，CやDの「外国の人」や「知らない地域」のことには，本文で触れられていない。AとEで迷うが，「すべての世界」という表現から，Aの「周囲のあらゆるもの」について恐れていると解釈できることから，Aが適切。

解答 (1) **F**［先天的気質の］　(2) **B**［風変わりな］　(3) **A**［周囲のあらゆるものに怯えている様子］

覚えておこう

■採用試験で出題されやすい敬語

見出し語	尊敬語	謙譲語
食べる	食べられる，お食べになる，召し上がる	いただく，頂戴する
見る	見られる，ご覧になる	拝見する
受ける	お受けになる	拝受する
来る	来られる，お見えになるいらっしゃる	参る

１次の見出し語の尊敬語と謙譲語を答えなさい。

	尊敬語	謙譲語
①与える	（ a ）	（ b ）
②言う	（ a ）	（ b ）
③聞く	（ a ）	（ b ）
④行く	（ a ）	（ b ）
⑤帰る	（ a ）	（ b ）
⑥会う	（ a ）	（ b ）
⑦着る	（ a ）	（ b ）
⑧する	（ a ）	（ b ）

①a ＝与えられる，お与えになる
 b ＝差し上げる，献上する
②a ＝言われる，おっしゃる
 b ＝申し上げる
③a ＝聞かれる，お聞きになる
 b ＝うかがう，承る
④a ＝行かれる，いらっしゃる
 b ＝参る，うかがう
⑤a ＝帰られる，お帰りになる
 b ＝失礼する
⑥a ＝会われる，お会いになる
 b ＝お目にかかる
⑦a ＝着られる，お召しになる
 b ＝着させていただく
⑧a ＝される，なさる
 b ＝いたす

一般常識 02 数学

📖 覚えておこう

■面積
三角形の面積＝底辺×高さ÷2
円の面積＝π×半径^2
扇形の面積＝円の面積×$\dfrac{中心角}{360°}$

■三角比
次のような直角三角形において
$\sin B = \dfrac{b}{c}$　　$\cos B = \dfrac{a}{c}$　　$\tan B = \dfrac{b}{a}$
$\tan B = \dfrac{\sin B}{\cos B}$

■三平方の定理
次のような直角三角形において
$a^2 + b^2 = c^2$

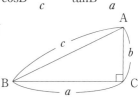

1 次の図の色部分の面積を求めなさい。

①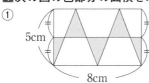

5cm
8cm

②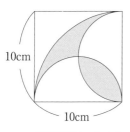

10cm
10cm

※円周率はπとする

2 三角比の次の表を完成させなさい。

θ	0°	30°	45°	60°	90°
$\sin \theta$	0	$\dfrac{1}{2}$	$\dfrac{1}{\sqrt{2}}$	$\dfrac{\sqrt{3}}{2}$	①
$\cos \theta$	1	$\dfrac{\sqrt{3}}{2}$	$\dfrac{1}{\sqrt{2}}$	②	0
$\tan \theta$	0	$\dfrac{1}{\sqrt{3}}$	③	$\sqrt{3}$	—

---

① 10cm^2

② 25π − 50cm^2

Hint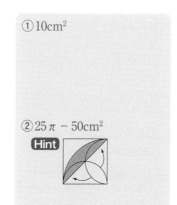

---

① 1

② $\dfrac{1}{2}$

③ 1

■ **地理分野の要点チェック**
- **大陸**：ユーラシア大陸，北アメリカ大陸，南アメリカ大陸，アフリカ大陸，オーストラリア大陸，南極大陸
- **海洋**：三大洋（太平洋，大西洋，インド洋），地中海，日本海
- **気候**：熱帯（熱帯雨林，サバナ），乾燥帯（ステップ，砂漠），温帯（地中海性，温暖湿潤，西岸海洋性），冷帯，ツンドラ，氷雪，高山
- **山脈**：ヒマラヤ山脈，ロッキー山脈，アンデス山脈，アルプス山脈
- **河川**：ナイル川，アマゾン川，ガンジス川，ドナウ川，黄河，信濃川

1 次の問いに答えなさい。

①日本列島の太平洋側を北上する暖流は何か。　　　　①黒潮（日本海流）

②日本で最も長い河川は何か。　　　　②信濃川

③日本で2番目に大きい湖沼は何か。　　　　③霞ヶ浦

④関東平野に広く分布する，火山灰が堆積してできた地層を何というか。　　　　④関東ローム層

⑤三陸海岸や若狭湾，志摩半島などの複雑に入り組んだ海岸のことを何というか。　　　　⑤リアス(式)海岸

⑥ヨーロッパとアジアを合わせた大陸を何というか。　　　　⑥ユーラシア大陸

⑦ヨーロッパ北部に見られる，氷河によって浸食された複雑な地形を何というか。　　　　⑦フィヨルド

⑧大陸周辺にある水深200m以内の浅い海底を何というか。　　　　⑧大陸棚

⑨ヨーロッパ南部における，夏は乾燥し，冬は降雨量が多い気候を何というか。　　　　⑨地中海性気候

覚えておこう

■採用試験で出題されやすいことわざ・慣用句

蓼食う虫も好き好き	There is no accounting for taste.
火の無い所に煙は立たぬ	There is no smoke without fire.
触らぬ神に祟りなし	It is no good to wake a sleeping lion.
鉄は熱いうちに打て	Strike while the iron is hot.
去る者は日々に疎し	Out of sight, out of mind.
事実は小説よりも奇なり	Truth is stranger than fiction.

■次の英文が表すことわざを答えなさい。

① A drowning man will catch at a straw.

② It is no use crying over spilt milk.

③ Time and tide wait for no man.

④ Too many cooks spoil the broth.

①溺れる者は藁をも掴む

②覆水盆に返らず

③歳月人を待たず

④船頭多くして船山に上る

■次の英文の（　）内に入る単語を答えなさい。

①良薬は口に苦し
A good medicine tastes（　）.

②光陰矢の如し
Time（　）.

③百聞は一見にしかず
（　）is believing.

④早起きは三文の徳
The early bird catches the（　）.

⑤泣きっ面に蜂
It（　）rains but pours.

①bitter

②flies

③Seeing

④worm

⑤never

覚えておこう

■スポーツ分野の要点チェック
● オリンピック：アテネ（1896年，第1回大会），日本開催（東京1964年，札幌1972年，長野1998年，東京2020年）
● サッカー：2014年W杯（ブラジル開催，ドイツ優勝），2018年W杯（ロシア開催，フランス優勝），2022年W杯（カタール開催，アルゼンチン優勝），プレミアリーグ，セリエA，リーガエスパニョーラ
● 野球：日本野球機構（NPB），メジャーリーグ（ナショナル・リーグ，アメリカン・リーグ），セントラルリーグ，パシフィックリーグ
● テニス：全米オープン，全英オープン（ウィンブルドン選手権），全仏オープン，全豪オープン，4大国際大会の制覇（グランドスラム）

1 次の問いに答えなさい。

① 国際オリンピック委員会の略称は何か。

② メジャーリーグで，アジア人初の本塁打王を獲得した選手は誰か。

③ 毎年9月から翌年5月に開催される，ヨーロッパで最も強いクラブチームを決めるサッカーの大会を何というか。

④ 毎年7月に主にフランスとその周辺地域で開催される，自転車レースの大会を何というか。

⑤ プロ野球で日本からメジャーリーグの球団に移籍するときに，入札制度によって移籍先が決められるシステムを何というか。

⑥ アメリカの4大スポーツリーグは，MLB，NFL，NBAともうひとつは何か。

⑦ ゴルフの4大トーナメントは，全米オープン，全米プロ，全英オープンともうひとつは何か。

① IOC

② 大谷翔平

③ UEFAチャンピオンズリーグ

④ ツール・ド・フランス

⑤ ポスティングシステム

⑥ NHL（アイスホッケー）

⑦ マスターズ

■著者(50音順)───────────────────────────

高嶌 悠人 (たかしま ゆうと)
CAICA Career School (CCS) 代表。慶應義塾大学法学部政治学科卒。広告会社の電通に入社した後，教育・人材領域にキャリアチェンジ。キャリア系ベンチャー企業のキャリアスクール事業の責任者を経て独立。2014年11月11日に会社を設立。株式会社カイカ・代表取締役。

山本 和男 (やまもと かずお)
公務員試験（数的処理），SPIをはじめとする民間企業採用試験（数理系非言語分野）の著述，解説を行う講師（フリーランス）。学習院大学法学部法学科在学中より，大手進学塾講師，専門学校にて公務員合格指導に携わり，現在はフリーで大学・短大で講義・講演を行う。

■スタッフ───────────────────────────

編集協力：株式会社エディポック
カバーデザイン：株式会社エディポック，株式会社ELENA Lab.
本文デザイン：株式会社エディポック，中村可奈
制作：株式会社エディポック，伊藤明美

スイスイとける　転職の SPI & 一般常識

2024年2月21日　初版　第1刷発行

編　　者	S P I & 一 般 常 識 研 究 会	
発 行 者	多　　田　　敏　　男	
発 行 所	TAC株式会社　　出版事業部	
		（TAC出版）

〒101-8383　東京都千代田区神田三崎町3-2-18
電話 03 (5276) 9492（営業）
FAX 03 (5276) 9674
https://shuppan.tac-school.co.jp

組　　版	株 式 会 社 エ デ ィ ポ ッ ク	
印　　刷	日 　新 　印 　刷 　株 式 会 社	
製　　本	株 式 会 社 　常 　川 　製 　本	

© TAC, Yuto Takashima, Kazuo Yamamoto 2024　　Printed in Japan　　ISBN 978-4-300-10770-6
N. D. C. 336

書籍の正誤に関するご確認とお問合せについて

書籍の記載内容に誤りではないかと思われる箇所がございましたら、以下の手順にてご確認とお問合せをしてくださいますよう、お願い申し上げます。

なお、正誤のお問合せ以外の**書籍内容に関する解説および受験指導など**は、一切行っておりません。
そのようなお問合せにつきましては、お答えいたしかねますので、あらかじめご了承ください。

1 「Cyber Book Store」にて正誤表を確認する

TAC出版書籍販売サイト「Cyber Book Store」の
トップページ内「正誤表」コーナーにて、正誤表をご確認ください。

CYBER TAC出版書籍販売サイト
BOOK STORE

URL：https://bookstore.tac-school.co.jp/

2 1の正誤表がない、あるいは正誤表に該当箇所の記載がない
⇒ 下記①、②のどちらかの方法で文書にて問合せをする

★ご注意ください★

お電話でのお問合せは、お受けいたしません。
①、②のどちらの方法でも、お問合せの際には、「お名前」とともに、
「対象の書籍名（○級・第○回対策も含む）およびその版数（第○版・○○年度版など）」
「お問合せ該当箇所の頁数と行数」
「誤りと思われる記載」
「正しいとお考えになる記載とその根拠」
を明記してください。
なお、回答までに1週間前後を要する場合もございます。あらかじめご了承ください。

① ウェブページ「Cyber Book Store」内の「お問合せフォーム」より問合せをする
【お問合せフォームアドレス】
https://bookstore.tac-school.co.jp/inquiry/

② メールにより問合せをする
【メール宛先　TAC出版】
syuppan-h@tac-school.co.jp

※**土日祝日はお問合せ対応をおこなっておりません。**
※**正誤のお問合せ対応は、該当書籍の改訂版刊行月末日までといたします。**

乱丁・落丁による交換は、該当書籍の改訂版刊行月末日までといたします。なお、書籍の在庫状況等により、お受けできない場合もございます。
また、各種本試験の実施の延期、中止を理由とした本書の返品はお受けいたしません。返金もいたしかねますので、あらかじめご了承くださいますようお願い申し上げます。